세계를
선도하는
부민강국으로
가는 길

과학
기술
패권
국가

세계를
선도하는
부민강국으로
가는 길

과학
기술
패권
국가

양향자 지음

디케

과학기술 선도국을 향한 미래담론과 시대정신

군자고궁(君子固窮). 공자는 '군자란 궁핍함을 통해 심지가 더 깊어지고 단단해진다.'고 했다. 군자의 시선은 시대를 앞서가므로 익숙함을 거부하고 새로움을 향해 꾸준히 도전한다. 그런 기준이라면 양향자는 군자(君子)다.

국회의원 양향자가 책을 낸다고 해서 원고를 읽어보니 미래를 관통하는 통섭의 깊이가 학자들의 안목을 능가한다. 지방의 여상을 나와 삼성전자 연구보조원으로 시작했는데, 남다른 호기심과 끈질긴 집념으로 세계 최초 고졸 출신 반도체 연구개발 담당 임원이 되었다.

보장된 직장을 떠나 정계에 입문한 뒤, 어려운 지역구에 도전해 고배를 마시고도 재도전해서 압도적 지지로 당선되었다. 또 초선으로 최고위원과 반도체특위 위원장으로 활동했지만, 자기 당의 입장만을 대변하지 않고 과학기술 선도국을 향한 대한민국의 미래담론과 시대정신을 강조한다.

이런 것들이 양향자의 시선을 넓고 높게 단련시키고 있는 것 같다.

우리 민족의 강인한 민족정신은 정말 용감하고 위대했다. 그 덕분에 산업혁명 이전까지는 강대국인 수, 당, 원, 명, 청, 일본의 공격을 용케도 잘 물리치며 견뎌왔다. 하지만 산업혁명 이후 제국들의 공격은 이전의 공격방법과 완전히 달랐다. 우리나라 지도층들이 기득권 지키기에만 몰두한 채 시대의 변화를 거부한 조선말에는 변변한 저항 한 번도 못해보고 국모가 시해되고 식민지가 되어버리지 않았던가?

4차 산업혁명 시대의 무한경쟁에서 어떻게 하면 '우리 대한민국을 위대한 과학 선도국으로 우뚝 세울 것인가?'에 대한 해답을 얻고 싶다면 이 책을 한번 읽어보라고 권하고 싶다. 특히 기업인과 전문경영인들에게 이 책을 권하고 싶다.

우리 기업 종사자들도 이제 정부와 정치권이 잘해주기만을 기다리며 바라보던 시각에서 벗어나야 한다. 이제부터는 기업경영에서 얻은 경험과 노하우를 국가경영에 접목해 미래를 열어가는 활동에 적극적으로 참여해야 한다.

양향자 같은 용기 있는 기업인 출신 국회의원이 여의도에 30명만 있어도 기업활동과 과학기술자들을 격려하는 입법활동이 훨씬 더 활발해지리라고 생각한다. 그러려면 우선 이 책을 많은 사람이 읽고 알려서 양향자가 가는 길을 외롭지 않게 하자.

정석현(수산중공업 회장)

국가발전과 국민복지 증진을 위해서 쓴 '정책서'

만찬 석상에서 있었던 일이다. 한 분이 수많은 사람이 운집한 거물 정치인의 출판기념회에 참석한 일화를 꺼냈다. 그리고 세상에는 사람들이 사놓고 읽지 않는 책이 두 가지 있다는 사실을 이야기했는데, 모두 동의했다.

하나는 외국 석학의 유명한 책으로 서가나 책상을 장식할 용도로 산다. 또 하나는 정치인의 책으로 어차피 대필작가의 글일 테고, 또 실제로 정치인 본인의 의도가 반영되었다고 한들 '정치적 목적'으로 썼을 것이 뻔하지만, 출판기념회에 얼굴을 내밀어야 하니 구입하지 않을 수 없다는 이야기였다. '정치적 목적'이라는 건, 다소간의 편차는 있을지언정 결국 표와 인기를 의식한 경우가 대부분이다.

'정치'라 함은 국가권력을 쟁취하는 행위다. '정책'은 쟁취한 국가권력을 국민을 위해 행사하는 행위다. 정책에 관한 책은 삶에 직접 영향을 미치기 때문에 읽게 되지만, 정치인이 권력 쟁취를 목적으로 쓴 책은 꼭 읽어야 할 필요를 느끼지 못하기 때문에 읽지 않는다는 견해도 있다.

 그런데 이번에 양향자 의원의 책《과학기술 패권국가》의 초고를 읽고 놀라움을 금할 수 없었다. 이 책은 정치인이 쓴 '정치서'라기보다 국가발전과 국민복지 증진을 위해서 쓴 '정책서'이기 때문이다. 한평생 정책연구에 천착해온 학자로서 정말 반가운 일이었다. 바야흐로 정책이라고 하는 책상 위의 설계도가 양향자 의원을 통하여 세상에 태어나서, 민생과 국익에 직접 기여할 수 있게 되었으니 말이다. 물론 본문 안에 여야 정당의 이름도 보이고 정치적 표현도 간간히 눈에 띈다. 그러나 그 내용을 꼼꼼히 읽어보면 정파를 위한 정치적 계략은 없고 국민을 위한 정책적 전략만 있다.

 본인이 추천하고자 하는 또 다른 이유는 이 책이 국민이 그렇게 갈구하는 협치를 끌어낼 계기를 만들 수 있을지 모른다는 기대 때문이다. 우리 국민은 지금껏 정치권의 분열과 갈등과 충돌만 보아온 터라 정치에 식상해 있다. 국익과 민생을 위한 협치로 국민의 성원과 사랑을 받은 경우는 별로 없었다. 그런데 이 책이 다루는 주제는 반도체, 기술, 산업, 경제 등 여야가 거국적으로 협력해야 할 산업기술 정책들이다. 4차 산업혁명과 과학기술에는 여야가 있을 수 없고 정파와 정략이 있을 수 없다. 그래서 이 책에 있는 정책이 집권 여당과 야당이 협치의 모범을 보일 계기를 마련할 수 있을 것으로 생각한다.

언젠가 부부 상담으로 수많은 이혼 직전의 부부를 재결합시키고 화목한 가정으로 이끈 성직자의 강연을 들은 적이 있다. 비결은 단순했다. 비록 작은 일이라도 서로 협력해서 잘 할 수 있는 일을 찾게 하면 부부관계가 좋아진다는 것이다. 여야가 극한 대립만 해온 한국 정치사가 4차 산업혁명과 과학기술이라는 거부할 수 없는 시대적 소명을 통하여 협치의 성공사례를 만들어내면, 대한민국의 후진적 갈등정치가 화합하는 선진정치로 거듭나는 계기가 될 수 있을 것이다.

《과학기술 패권국가》는 보수와 진보, 남녀노소를 불문하고 건전한 상식을 가진 시민으로서, 대한민국의 발전과 미래 행복을 염원하는 한국인 누구나 꼭 한번 읽어봐야 할 책이다.

감히 여러분께 일독을 추천해 드리는 바이다.

김태유(서울대학교 명예교수)

과학기술을 발판으로 국가발전 전략을 짜다

"사람이 먼저다"라는 문장이 있고 "과학이 먼저다"라는 문장이 있다고 해보자. 어느 것에 더 끌리는가? "사람이 먼저다"라는 문장을 더 좋아하는 사람들은 그 문장에서 따뜻함과 연대감과 숭고한 정신적 가치를 만난다. 그들 가운데 정도가 심한 사람은 과학이란 말을 들으면 비인간적이고 차갑고 쌀쌀맞은 환경에 처한 듯하거나, 심지어는 숭고한 정신적 가치를 소홀히 하는 천박함을 느낄 수도 있다. 물론 그렇기도 하고, 그렇지 않기도 할 것이다.

"사람이 먼저다"라는 문장이 말하려는 것은 아마도 자본이나 이윤보다 사람의 가치를 앞세워야 한다는 뜻일 텐데, 개념이 단순하거나 모호하다는 점이 아쉽다. "과학이 먼저다"라는 문장은 '과학'이라는 개념 자체가 '기능 – 기술 – 과학'의 위계 속에서 좌표가 분명하기도 하고 문명의 발전 단계를 나타내는 한 지표이기도 해서 아주 명료하다. 어떤 사람들은 명료한 것보다는 모호한 것이 도력이 높다고 말한다. 하지만 인류 역사는 해석되지 않거나 모호한 것들을 그대로 두지 않고 더 분명하게 드러내는 방향으로 진화해왔다는 사실을 알 필요는 있다.

우리는 '과학'을 국가가 나아가야 할 방향으로 정해 본 적이 없다. 과학이 국가 레벨에서 주제가 되어본 적이 없다는 뜻이다. 중국과 일본은 그렇지 않았다. 두 나라는 과학을 핵심 주제로 정하여 투쟁한 역사를 가지고 있다. 일본과 중국이 화성에 탐사선을 쏘아 올리는 일이 그냥 어쩌다 일어난 일은 아니다. 마찬가지로 우리가 화성에 탐사선을 보내지 못하는 것도 단순히 그냥 게을러서 그런 것이 아니다. 과학기술의 수준이 결정하는 일이다.

1966년 2월에 한국과학기술연구소(KIST)가 설립된 것이 우리나라에서는 그래도 과학을 가장 의미 있게 대한 일이다. KIST에서 1971년에 국내 최초로 전자계산기가 개발되었고, 1972년에 컬러 TV 수상기가 개발되었다. 1973년에 우리나라는 기아에서 벗어나는데, 정신적 가치를 독려하고 연대하여 잘살아보자는 구호만 외쳐서는 할 수 없는 일이다. 과학기술의 발전과 성취가 우리를 기아에서 벗어나게 했다. KIST의 설립 정신과 스토리를 되새김해보면 좋겠다.

아편전쟁은 서양에 의한 동양의 완전 패배이자 동양에 대한 서양의 완전 승리를 상징한다. 지금의 국호로 칭해서 한·중·일 삼국 가운데 당시 패배의 의미를 탐구하고 복수를 꿈꾼 나라는 중국과 일본이었고, 한국은 오리무중이었다. 중국과 일본은 패배의 원인을 분석해서 당시 자신들의 나라에는 없는데 서양에만 있던 강력한 무기를 알아냈다. 바로 철학과 과학이었다. 이 말은 동아시아에는 기술과 사상(이데올로기)은 있었지만, 과학과 철학은 없거나 매우 약했다는 것을 나타낸다.

인류의 진화가 기술의 높이에 이르렀을 때는 중국이 세계 패권국이었지만, 인류의 진화가 과학의 높이로 올라서자 맥을 못 추었다. 기술에서 나오는 생산력으로는 과학에서 나오는 생산력을 따라갈 수 없기 때문이다. 그래서 중국과 일본은 과학적 세계관과 과학기술을 배우거나 따라잡으려고 거기에 온 국력을 집중한다. 한국은 그러지 못했다.

1920년대 초에 중국에서는 과현(科玄)논쟁, 즉 과학(科學)과 현학(玄學)의 논쟁이 뜨거웠다. 현학은 중국 전통 사상을 말하는데, 인생의 의지와 가치를 중시하는 인생관의 태도를 상징하게 되었다. 과현논쟁은 "과학이 먼저다"라는 주장과 "사람이 먼저다"라는 주장 사이의 논쟁으로 유비될 수도 있다. 이 논쟁은 과학의 승리로 귀결되지만, 중국에서 과학이 한 시기를 결정하는 가장 높은 논쟁의 중심을 차지한 적이 있고, 그 귀결로 우리보다 먼저 화성에 탐사선을 보내는 결과까지 이어졌다는 점은 자세히 보고 또 보아야 한다. 무엇보다도 공허한 휴머니즘에 빠져서 '아Q'처럼 살던 중국인을 과학이라는 방법론으로 구출한 것은 의미가 매우 크다. 그들은 최소한 정신승리법의 습관은 이겨냈다. 일본은 중국보다도 더 철저했다.

우리는 과학 논쟁의 역사 없이도 어느 정도는 '과학'적 높이를 이루었다. 이제 생활의 과학화, 정치의 과학화로 한 단계 도약해야 한다. '과학기술'을 전략적 방향으로 결정하지 않으면, 한 단계 도약은 쉽지 않을 것이다. 앞뒤의 사정이 이러하니, 과학기술을 발판으로 국가발전 전략을 짜려고 《과학기술 패권국가》를 출간한 양향자 의원이 든 깃발을 따라가도 되겠다.

최진석(서강대학교 철학과 명예교수, 새말새몸짓 이사장)

과학기술 패권국 대한민국을 꿈꾸며

나는 낙관주의자다.

열여섯 살에 아버지가 세상을 떠나며 남은 가족을 부탁했을 때도, 교수의 꿈을 접고 상고에 진학했을 때도, 쟁쟁한 대학 졸업자들과 외국 박사들이 가득한 반도체 회사에 고졸 사원으로 입사했을 때도, 늘 나의 미래를 낙관했다. 그리고 28년 만에 삼성전자의 상무가 되었다.

"한국의 기술력이 일본을 따라잡으려면 반세기는 걸릴 것이다."

한국이 이제 갓 반도체 산업에 뛰어들었던 80년대 초, 쟁쟁한 선발 국가들이 한국을 비웃었을 때도, 나와 반도체 엔지니어들은 미래를 낙관했다. 그리고 불과 10여 년 만에 미국을 제치고 일본을 추월해 세계 1위가 되었다.

미래에 대한 낙관과 자신감에는 근거가 있었다. 주경야독으로 부족한 배움을 하나씩 채워가는 내 실행력을 믿었고, 회사의 투자와 엔지니어의 투지로 나날이 성장해가는 우리 반도체의 기술력을 믿었다. 그리고 그 믿음은 모두 현실이 되었다.

엔지니어에서 정치인이 된 지 6년, 나는 더이상 낙관주의자가 아니다. 일본, 중국, 미국과 유럽의 경쟁국들이 모두 과학기술 1위를 목표로 천문학적인 투자와 지원을 하는 지금, 세계 1위인 한국 반도체 기술을 주저앉히거나 이용하려고 외교와 안보, 통상과 코로나19 백신까지 동원하는 오늘, 우리 정치권의 관심은 다른 곳에 더 있어 보인다.

내가 이 책을 본격적으로 쓰기 시작한 건 2021년 3월이다. 당시 정치권과 언론, 국민의 관심은 온통 서울과 부산에서 진행된 4.7 재보궐선거에 쏠려있었다. 모든 국민이 '정권심판'과 '부패심판'을 두고 싸우는 형국이었다. 책을 다 써가는 지금 6월에도 대한민국은 '이준석 현상'과 '조국의 시간'으로 떠들썩하다. 세계는 과학기술 패권을 두고 '경제적 승리'를 위해 전쟁 중인데, 한국은 권력을 두고 '정치적 승리'를 위해 전쟁 중이다. 남은 임기, 홀로 경제성장을 위해 분투 중인 문재인 대통령이 안쓰럽기만 하다.

이 책이 대한민국의 에너지를 과학기술과 경제, 즉 미래 논쟁으로 돌리는 데 조금이나마 도움이 될 수 있다면 정말 좋겠다.

책은 3부로 구성되어 있다.

1부 〈WORLD WAR Ⅲ〉는 미국이 중국에 '경제적 원자폭탄'을 투하한 이야기로 시작한다. 바이든 대통령이 왜 글로벌 반도체 기업들을 자국의 안방으로 불러들였는지, 중국이 왜 반도체 공급망 확보와 기술 개발에 목숨을 거는지, 2019년 왜 일본이 한국의 반도체 산업을 정밀 타격했는지를 담았다. 더불어민주당과 정부 그리고 문재인 대통령이 이 전쟁에서 밀리지 않기 위해 무엇을 했고, 지금 어떤 전략으로 임하고 있는지도 설명한다. 그리고 인류사와 세계사를 바꾼 기술패권 전쟁에 관한 이야기도 실었다. 내가 글을 잘 써서가 아니라 그 자체로 흥미진진한 이야기다.

2부 〈과학기술이 정치를 이긴다〉는 '부모 세대보다 못 사는 최초의 세대'인 이 시대 청년의 고통으로 시작한다. 청년들이 비트코인과 단기 주식투자에 빠질 수밖에 없는 이유와 지금 그들이 처한 비루한 현실, 그리고 2020년 인천국제공항공사 채용 문제에 담긴 청년 분노의 본질을 살펴봤다. 청년들이 살아갈 미래가 얼마나 암담한지에 관해서는 '포스트 코로나 한국경제 보고서'에 자세히 설명했다. 더불어 과학기술이 바꿔놓은 재미있고 신기한 세상의 풍경을 소개하고, 과학기술을 아는 정부와 지도자가 왜 필요한지도 설명했다.

2022년 대통령 선거를 앞두고 무엇에 집중해야 하는지도 매우 중요하게 다뤘다. '부민강국의 길, 과학기술에 있다' 부분에 대선을 앞둔 현 시점의 시대정신, 즉 '도약'과 '부민강국(富民強國)'에 관한 내 생각과 과학기술인들의 목소리를 담았다.

3부 〈K-테크 2027〉은 2022년부터 2027년까지 대한민국을 이끌 다음 정부가 집중해야 할 과제를 담았다. 경제성장을 이룰 산업 발전, 이를 가능케 할 과학기술을 육성하기 위해 정부가 무엇을 해야 하는지, 과학기술 발전을 위해 국정 운영체계를 어떻게 바꿔야 하는지, 그리고 산업과 기업이 지금 어떤 어려움을 겪고 있으며 이를 해결하기 위해 정부와 국회가 어떤 도움을 주어야 하는지도 설명했다. 〈K-테크 2027〉은 반드시 다음 정부의 국정 운영 핵심 과제가 되어야 한다고 생각한다.

　과학기술에는 이념이 없다. 여야도, 진보·보수도, 계층과 지역에 대한 차별도 없다. 국민통합과 국가번영, 그리고 개인행복이라는 정치의 본령이 바로 과학기술에 있다. 다음 정부는 반드시 과학기술을 이해하고 활용하고 육성해야 한다. 집권 여당 역시 그래야 한다. 야당도 마찬가지다. 과학기술 패권국가, 우리 정치가 이루어야 할 시대정신이고 절대소명이다. 그러려면 생각도 전략도 사람도 시스템도 모두 바꿔야 한다. 내가 이 책의 원래 제목을 '과학기술 쿠데타'로 지으려 했던 이유다.

양향자

2부 과학기술이 정치를 이긴다

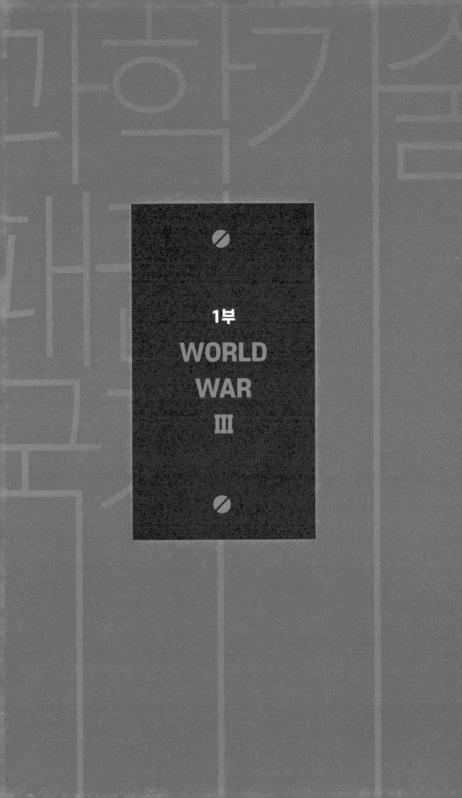

1부

WORLD
WAR
III

01

**미·중
반도체 전쟁**

─────────────────────── 대정부질문을 마치고 나는 기진맥진했다. 자료와 질문을 준비하느라 며칠 밤을 설친 이유도 있지만, 반도체 산업에 대한 정부의 안일함에 기가 빠졌고 상대에게 시비를 걸고 싸우는 국회의 구태에 기운이 빠졌다. 반도체 산업의 미래가 불안하게 느껴졌고, 위험천만한 대한민국의 미래가 너무 걱정스러웠다. 그리고 방송을 통해 대정부질문을 지켜봤을 후배 반도체인들에게도 미안했다. 반도체가 국회에서 이런 대접을 받게 한 것이 모두 내 잘못 같았다.

잠들기 전까지 나는 그날 다 못한 말을 되뇌고 있었다.

"반도체가 없으면 대한민국의 미래도 없습니다."

"반도체가 뭐라고 생각하세요?"

1986년, 갓 입사한 연구보조원 양향자가 선배에게 물었다.

"반도체가 뭔가요?"

"미래지!"

지방에서 상고를 갓 졸업한 나에게 미국에서 박사학위까지 받고 온 선배의 말은 하늘에서 들려오는 신의 계시 같았다. 손톱만 한 크기의 반도체를 만들며 보낸 30년, 가슴에는 늘 미래를 열어간다는 설렘과 자부심이 있었다. 그 작은 칩 안에 세상을 담겠다는 발칙한 포부를 무려 30년 동안 마음속에 담고 살았다.

2021년, 국회 대정부질문에서 양향자가 국무총리에게 물었다.

"반도체가 뭐라고 생각하십니까?"

"대한민국의 전략산업이자 모든 산업의 기초 인프라입니다."

30여 년 전 선배의 예언은 여전히 유효하다. 2021년 오늘의 반도체 역시 대한민국의 미래다. 국무총리뿐 아니라 한국의 모든 정치인이 한목소리로 반도체가 중요하다고 말하고 반도체 산업을 국가 기간산업이라고 믿는다. 차이가 있다면, 그들은 이론과 머리로 가늠하는 것이지만 나는 경험과 가슴으로 반도체에 담긴 무한의 가능성과 극한의 위험성을 알고 있다는 것이다.

"삼성이 반도체 세계 1위 아냐? 어련히 잘 알아서 하겠지."

많은 사람이 반도체 문제에 대해 이렇게 접근한다. '대한민국 반도체의 문제'를 '반도체를 만드는 회사의 문제'로 여기는 것이다. 누군가가 "반도체가 위기다!"라고 외치면, "세계 1위 회사인 삼성이 있으니 잘 극복되겠지."라고 넘기는 식이다. 반도체 기업은 누가 도와주지 않아도 알아서 잘 굴러갈 것이라고 믿는 낙관이자 무지의 결과다.

삼성은 세계 1위의 반도체 회사가 맞다. 그러나 이는 반도체 산업의 큰 기둥 세 개 중 하나인 메모리 반도체에 국한된 이야기일 뿐이다. 비메모리 반도체, 즉 시스템 반도체 분야에서는 대만의 반도체 회사 TSMC가 압도적 1위이고 삼성은 두 배 넘게 뒤처지는 2위다. 설계 분야(팹리스) 1·2·3위는 모두 미국 기업이며 삼성은 5위권 수준이다.

그날 대정부질문에서 나는 세 가지를 확인했다. 대한민국의 최우선 육성 분야임에도 반도체 산업에 대한 정부의 컨트롤타워가 명확하지 않고, 지원·육성 정책은 충분히 논의되지 않고 있으며, 인재 양성 시스템은 나날이 후퇴하고 있다.

총체적 난국이라고 느꼈다. 미국과 중국을 필두로 세계 모든 나라가 반도체 기술 패권과 공급망 확보를 두고 치열하게 경쟁하고 있는 지금, 우리 국회와 정부는 한가롭게 낮잠을 자는 것처럼 보였다. 미국이 반도체를 무기로 중국 경제를 공격하고, 중국도 이에 질세라 반도체 패권을 위해 국력을 집중시키고 있는데, 한국은 두 대국의 눈치를 보느라 아무것도 하지 않는 것처럼 보였다. 두 눈 부릅뜨고 상황을 예의주시해도 부족할 판에 두 눈을 감고 있는 형국이었다.

더욱더 한심한 것은 그날의 해프닝이다. 내가 대정부질문을 하며 반도체와 관련한 상황의 심각성을 역설할 때, 야당인 국민의힘 의원들은 그곳에 없었다. 나보다 앞서 대정부질문을 했던 국민의힘 소속의 한 의원이 더불어민주당이 참패한 직전 보궐선거 결과를 언급하며 정부와 여당을 공격했다. 그러자 같은 당의 의원들이 박수치며 환호했고, 중앙 단상에 앉아 이를 지켜보던 국회부의장이 야당의 모습에 "신났네, 신났어."라고 혼잣말을 한 것이 원인이 됐다.

당장 사과하라는 야당 의원들의 요구에 국회부의장은 곧바로 대응하지 못했다. 이에 국민의힘 의원들은 항의의 의미로 회의장을 집단 퇴장했다. 떠나는 의원들의 뒷모습을 보며 나는 "반도체에 관한 이야기입니다. 꼭 들으셔야 합니다!"라고 외쳤지만 아무 소용없었다. 같은 당인 국민의힘 의원까지 "그게 퇴장할 일이냐? 구태 정치다."라고 비판할 정도로 억지스러운 모습이었다. 그날 저녁 언론에는 내가 그토록 중요하다고 절규한 반도체 문제보다 '집단 퇴장 해프닝'이 더 많이 등장했다.

대정부질문을 마치고 나는 기진맥진했다. 자료와 질문을 준비하느라 며칠 밤을 설친 이유도 있지만, 반도체 산업에 대한 정부의 안일함에 기가 빠졌고 상대에게 시비를 걸고 싸우는 국회의 구태에 기운이 빠졌다. 반도체 산업의 미래가 불안하게 느껴졌고, 위험천만한 대한민국의 미래가 너무 걱정스러웠다. 그리고 방송을 통해 대정부질문을 지켜봤을 후배 반도체인들에게도 미안했다. 반도체가 국회에서 이런 대접을 받게 한 것이 모두 내 잘못 같았다.

잠들기 전까지 나는 그날 다 못한 말을 되뇌고 있었다.

"반도체가 없으면 대한민국의 미래도 없습니다."

바이든이 세계적 반도체 기업들을 불렀다

"이 반도체가 바로 인프라다."

2021년 4월, 조 바이든 미국 대통령이 책상 위에 놓여 있던 반

2021년 4월 백악관 반도체 화상회의 당시 (자료 : 연합뉴스)

도체 웨이퍼를 직접 들어 보이며 말했다.

바이든 대통령은 그날 메모리 반도체 분야 1위의 삼성전자와 시스템 반도체 분야 1위의 TSMC를 비롯해 글로벌파운드리스, 인텔, 마이크론, NXP 등 글로벌 반도체 기업들을 '집합'시켰다.

보스인 큰 형님이 동생들을 불러 모으듯 굴지의 반도체 기업 CEO들을 모니터 앞에 모아놓고, 반도체 시장의 큰손이자 세계 최강국의 대통령으로서 동맹국의 반도체 회사에 협조를 압박했다. 한편으로는 500억 달러(56조 원)라는 대대적인 지원책을 제시하며 이들을 회유했다.

대만의 TSMC가 가장 먼저 미국에 6개의 반도체 공장 증설을 결정했다. 그 규모가 230억~250억 달러(25조~28조 원)에 달한다. 삼성전자의 고민도 깊어졌다. 문제는 중국이다. 삼성전자의 가장 큰 고객이자 미국의 앙숙인 중국만 아니라면 투자를 주저할 이유가 없었다.

반도체는 21세기 가장 중요한 국가적 전략 자산이다. 컬럼비아 대의 스티브 블랭크 교수는 "21세기, 반도체는 지난 세기의 석유와 같다. 생산을 통제할 수 있는 나라가 다른 나라의 경제·군사력을 좌우할 것이다."라고 말했다. 그런데 왜 초강대국 미국은 자국에서 반도체를 충분히 생산하지 못하고 한국과 대만의 기업에 부탁 반, 협박 반의 태도를 취하는 것일까?

미국은 반도체 종주국이다. 거의 모든 원천기술과 소프트웨어를 장악하고 있는 반도체 패권국이다. 2000년대 이전까지만 해도 미국은 세계 반도체 생산을 주도해왔다. 전 세계 반도체의 약 40%가 미국에서 만들어졌다. 2000년대 이후 미국 반도체 기업들은 비용 절감을 위해 자국 내에서 제품설계만 맡고 생산은 해외로 위탁하기 시작했다. 설계와 제조를 분리한 것이다. 설계에 특화된 반도체 기업을 팹리스(fabless, 공장이 없다는 뜻)라고 부르는 이유다. 지금도 전 세계 팹리스 회사 중 미국 기업이 차지하는 시장 비율이 60%를 넘는다.

한편 미국의 팹리스가 만든 설계도에 기반해서 전문적으로 반도체를 위탁 생산하는 회사들은 규모를 키워나갔다. 이런 회사를 '파운드리(foundry)'라고 부른다. 현재 파운드리 회사 중 세계 1위는 대만의 TSMC다. 전 세계 시장 점유율이 50%가 넘는다. 그렇게 미국이 대만과 한국, 중국 등 아시아 국가들의 파운드리에서 제공받는 시스템 반도체가 전체 물량의 80%에 달하고 자국 내에서 생산하는 반도체 비율은 12% 수준으로 낮아졌다.

그런데 문제가 생겼다. 2021년 자동차용 시스템 반도체 대란이 일어난 것이다.

2020년 코로나19 대유행의 영향으로 세계적으로 자동차의 생산과 소비가 급격히 줄어들었다. 코로나19 대유행이 언제 끝날지 섣불리 예측할 수 없었고, 언제 다시 생산과 소비가 원활해질지 가늠하기 어려웠다. 그런 와중에 자가 격리와 재택근무가 늘어나면서 집안에서 사용하는 전자제품, 예컨대 노트북과 게임기, TV, 스마트폰용 시스템 반도체의 수요가 폭증했다. 전 세계 시스템 반도체 시장의 50% 이상을 차지하는 TSMC는 이 같은 추세에 맞춰 자동차용 시스템 반도체 생산을 줄이고 컴퓨터와 스마트폰에 들어가는 반도체 생산을 늘린다.

그러나 회복이 더딜 것 같았던 자동차 수요가 빠르게 회복되었다. 전기차도 세계적인 생산 경쟁과 맞물려 생산이 급증하면서 차량용 반도체 공급이 수요를 따라가지 못하는 상황이 발생했다. 참고로 현재 내연기관 자동차에는 약 300개, 전기 자동차에는 약 2,000개의 반도체가 들어간다.

그런 와중에 가뭄으로 TSMC 공장이 가동에 차질을 빚고, 일본

르네사스일렉트로닉스의 생산라인에 화재가 나고, 미국 반도체 생산 거점인 텍사스에 갑작스런 추위까지 덮쳤다. 전 세계적으로 차량용 반도체 부족 현상이 심각해졌고, 당장 미국의 대표 자동차 회사 GM의 멕시코 산루이스 포토시·미국 캔자스주·캐나다 온타리오주 공장에서 생산이 중단되었다. 포드도 브라질 공장 문을 내렸다. 그날 바이든이 개최한 글로벌 반도체 기업 회의에 GM과 포드가 참석했던 이유다.

미국이 그동안 반도체 생산에 넋 놓고 있었던 것은 아니다. 2020년 미국은 자국 내 반도체 생산을 확대하기 위해 '칩스 포 아메리카 액트(CHIPS for America Act)'라는 반도체 지원 특별법을 하원에서 통과시켰다. 미국 내 반도체 공장 설립을 장려하기 위해 100억 달러(약 11조 원)의 연방 보조금과 최대 40%의 세액 공제를 비롯한 각종 인센티브를 제공하는 내용을 담았다.

여기에 연방상원은 2021년 안에 '아메리칸 파운드리 액트(American Foundries Act)'라는 특별법의 발의를 예고하고 있다. 반도체 제조시설에 대한 연방 보조금을 150억 달러(17조 원)로 늘리고 미국 국방부, 국립과학재단 같은 정부 기관에 대한 연방 R&D 지원금을 50억 달러(5조 원) 규모로 새로 조성하는 내용이다.

2021년 4월 바이든은 글로벌 반도체 회의에서 위의 보조금과 지원금을 포함해 총 500억 달러(56조 원) 규모의 투자를 선언했다. 반도체 회사 입장에서는 좋은 기회다. TSMC가 미국 애리조나주에

6개 공장 증설을 결정한 것은 그 기회를 잡은 것이다.

2021년 5월, 삼성전자도 결국 미국 텍사스 오스틴에 170억 달러(19조 원) 규모의 파운드리 라인 두 곳의 증설을 결정했다. 문재인 대통령과 바이든 대통령이 정상회담까지 개최하면서 설득한 결과다.

이날 투자를 결정한 기업은 삼성전자만이 아니었다. SK하이닉스는 AI와 반도체 등에 약 10억 달러, LG에너지솔루션과 SK이노베이션은 자동차 배터리에 약 140억 달러, 현대자동차는 미국 전기차 공장에 약 74억 달러 투자를 약속했다.

그에 대한 화답으로 미국은 '한미 글로벌 백신 파트너십(KORUS Global Vaccine Partnership)'에 합의했다. 한국과 미국이 기존 군사·안보 동맹에 이어 기술과 경제, 방역 부문까지 동맹을 확장한 것이다.

이 같은 선택은 한국으로서는 매우 경제적인 것이고, 코로나19 백신 부족 상황을 타개할 최고의 선택이지만, 중국과의 관계까지 고려하면 그다지 전략적이지 않다. 미국과 반도체 전쟁 중인 중국은 지금 신경이 곤두서 있다. 미국이 수출 제재로 중국의 대형 반도체 공급망을 차단하면서 중국이 반도체 수급에 큰 어려움을 겪고 있기 때문이다. 군사력, 경제력 그리고 가장 큰 시장을 가진 중국이 한국에 어떤 조치를 취할지 모른다.

중국에게 반도체는 핵무기다

2020년 9월 15일, 미국 정부가 중국의 통신장비업체 화웨이에 대한 제재를 시작했다. 명분은 화웨이가 통신장비를 이용해 미국의 정보를 훔쳐 간다는 것이었지만, 대다수는 첨단기술로 부장한 중국의 경제 부상을 막기 위한 미국의 공격이라고 여겼다. 2018년 트럼프 대통령이 중국산 수입품에 대한 추가 관세 부과를 결정한 후 '미중 무역 전쟁'이 이미 진행되고 있던 터였다.

제재의 핵심은 반도체다. 미국은 전 세계 반도체 기업이 화웨이에 반도체를 판매하기 전 미국 상무부의 허가를 받도록 했다. 중국은 '터무니없는 정치적 공격'이라고 펄쩍 뛰었지만 국제 사회에서 중국을 편드는 국가는 별로 없었다.

미국의 공격은 적중했다. 반도체를 제대로 공급받지 못한 화웨이는 세계 스마트폰 판매량 2위에서 삼성, 애플, 샤오미, 오포, 비보에 이어 6위로 밀려났다. (표1 참조) 최근에는 스마트폰 사업부 매각설까지 나오고 있다.

만약 중국이 자국 내에서 충분한 반도체를 공급받을 수 있었다면 어땠을까? '반도체 독립국'이었다면 어땠을까? 중국이 반도체 국산화에 성공했다면 미국의 견제와 방해에 아랑곳하지 않고 미래로 내달렸을 것이다.

중국이 이 같은 위기를 예상하지 못한 것은 아니다. 2014년, 중

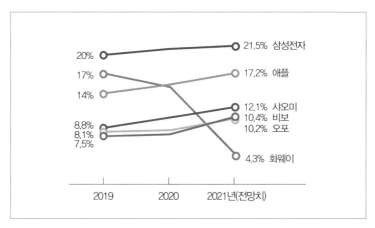

표1 주요 스마트폰 제조사 세계 시장 점유율 변화(자료 : 스트래티지 애널리틱스)

국 정부는 '중국 제조 2025'라는 그랜드 산업전략을 발표하면서, 10대 핵심 전략산업 중 첫 번째로 반도체로 꼽았다. 이른바 '반도체 굴기 2025'다. 2025년까지 중국에서 소비되는 반도체의 70%를 스스로 만들겠다는 선언이었다. 굴기(崛起)란 '우뚝 선다'는 뜻이다.

반도체 분야 세계 1위를 하겠다는 중국의 자신감은 나름의 근거가 있었다. 중국은 2010년에 "10년 안에 TV용 LCD 디스플레이 패널 생산에서 한국을 따라잡겠다."라고 선언했다. 그리고 실제로 7년 만에 세계 1위로 우뚝 섰다.

그러나 반도체 산업은 사정이 달랐다. 국가 차원에서 200조 원에 이르는 자금을 투자하며 반도체 굴기 달성에 박차를 가했지만,

2021년 현재까지 성과는 지지부진하다. 메모리 반도체 중 하나인 낸드플래시 회사를 설립한 중국의 칭화유니그룹은 2020년에 13억 위안(2,200억 원)의 빚을 갚지 못해 '디폴트'를 선언했고, 시스템반도체의 집약체인 AP 반도체를 만들기 위해 1,280억 위안(22조 원)이나 투입한 우한홍신반도체(HSMC)는 폐업을 결정했다.

중국이 반도체 굴기에 이르지 못하는 이유는 하나다. 기술력 부족이다. 반도체 부문의 기술 장벽을 넘지 못한 탓이다. 반도체 기술은 10여 년의 단기간에 이룰 수 없다. 한 기업이 자력으로 감당하기 벅찬 영역이기에 반도체 경쟁을 기업 간 경쟁이 아닌 국가 간 경쟁이라 부르는 것이다.

좌초 위기에 놓인 '반도체 굴기 2025', 그러나 중국은 포기할 수가 없다. 반도체 굴기를 향한 도전은 중국의 생존 전략이기 때문이다. 세계에서 가장 반도체를 많이 수입하는 중국으로서는 반도체에 대한 제재, 나아가 수입이 전면 봉쇄되는 날이 모든 산업이 멈추는 시점일 수도 있다.

반도체 없는 경제 대국 중국의 꿈은 모래 위의 성이다. 국가의 존립도 장담할 수 없다. 경제적 관점뿐만 아니라 안보적 관점에서 볼 때, 반도체 굴기를 향한 중국의 염원은 1960년대 원자폭탄을 개발할 당시와 다르지 않다.

'Two bombs, One Satelite'

양탄일성(兩彈一星), 두 개의 폭탄과 한 개의 인공위성. 중국의

핵 개발과 장거리 미사일 개발을 일컫는 말이다. 중국은 1960년
대부터 1970년대에 이르기까지 독자기술로 원자폭탄, 수소폭탄,
ICBM을 개발하면서 세계 핵클럽과 ICBM 클럽에 가입했다. 그러
나 그 과정이 순탄치만은 않았다.

역사는 1953년으로 거슬러 올라간다. 당시 한국전쟁에 참전한
미국은 압록강 전선에 군대를 투입한 중국에 원자폭탄을 투하할
것을 심각하게 고려했다. 1955년 중국과 미국이 대만을 놓고 심각
한 군사적 갈등을 겪을 때도 미국은 원자폭탄으로 중국을 위협했
다. 마오쩌둥에게 원자폭탄은 중국을 지킬 수 있는 유일한 선택이
었고 필생의 과제였다.

한시가 급한 마오쩌둥은 이미 만들어진 원자폭탄을 얻어오는 길
을 택했다. 당시 소련의 스탈린과 그 뒤를 이은 흐루쇼프에게 중
국으로의 기술 이전과 원자폭탄 개발 지원을 다양한 방법으로 제
안하고 부탁했지만, 번번이 좌절되었다. 중국이 유독 과학·기술력
에 천착하고 이 분야의 인재 양성에 매진하기 시작한 것도 이때부
터다. 중국으로 파견 나온 소련의 기술자들마저 모두 돌아간 1960
년, 중국은 결국 가장 시간이 오래 걸리지만 가장 확실하게 원자폭
탄을 보유할 수 있는 '자체 기술개발'에 착수한다.

소위 '맨땅에 헤딩하듯' 빈손으로 개발을 시작한 중국은 5년 후
인 1965년, 결국 원자폭탄 개발에 성공했다. 스스로 '양탄일성'에
성공한 중국은 소련 눈치를 보지 않고 국제무대에서 독자 행동을

하면서 1971년에는 대만을 제치고 UN 상임이사국이 되었다.

중국에게 있어 반도체는 바로 그 시절 원자폭탄과 같다. 당시 미국은 원자폭탄을 쏘지 않고 중국에 겁만 줬지만, 2020년에는 중국에 반도체를 제재함으로써 사실상 원자폭탄을 투하했다. 그러나 지금 중국은 자신을 지킬 원자폭탄, 즉 반도체 기술이 없다.

발등에 불이 떨어진 중국은 미국보다 더 파격적인 반도체 지원책을 내놓고 있다. 대표적인 예가 법인세 면제다. 2020년 중국 정부는 기존 25%씩 받던 법인세를 일부 반도체 기업에게 면제해줬다. 28나노미터 이하의 반도체 공정 기술을 보유하고 15년 이상 반도체 사업을 한 기업에는 10년 동안 법인세를 아예 받지 않겠다고 발표한 것이다.

중국이 정공법만을 쓰는 건 아니다. 국정원에 따르면, 문재인 정부 출범 이후 중국이 한국의 반도체와 IT, 정보통신 분야 등에서 기술 유출을 시도한 규모가 17조 원에 이른다. 인재도 데려간다. 중국 정부에서 진행하는 해외 고급 인재 영입 프로그램인 '천인계획'이 대표적이다. 전문가들에 따르면, 중국은 이 프로젝트로 약 7만 명의 해외 기술 인재를 끌어들였다고 한다. 대만에서만 약 3천 명 이상의 반도체 업계 종사자가 중국으로 넘어간 것으로 파악된다.

중국은 미국보다 더 노골적으로 우리나라 반도체 기업에게 대규모 투자를 요구할 수 있다. 중국은 반도체 업계의 가장 큰 손이고, 우리 경제에 있어 가장 큰 시장이다. 한국 정부도 중국 정부의 눈치를 볼 수밖에 없다. 중국은 2021년 5월 한국과 미국이 '반도체 동맹'을 맺은 이후 한국 반도체 기업에 눈을 흘기며 겁을 주고 있다. 미국과 중국의 반도체 패권경쟁이 심해질수록 우리나라의 고민도 커질 수밖에 없는 이유다.

TSMC로 대만은 중국을 이겼다

"대만은 TSMC가 만든 섬이다."

TSMC가 대만 경제에서 얼마나 큰 역할을 하는지를 상징하는 말이다. 시스템 반도체 세계 최강자인 TSMC는 '대만 반도체 제조 기업(Taiwan Semiconductor Manufacturing Company)'이라는 이름에서 알 수 있듯 국력을 총결집한 국민 기업으로 시작해 오늘에 이르렀다. 1987년에 탄생한 이 회사는 국민당이 물러나고 민주진보당으로 정권이 바뀐 뒤에도 변함없이 최우선 국정과제로 다룰 만큼 전폭적 지원을 받고 있다.

TSMC는 미국 팹리스의 위탁생산으로 성공한 회사다. 초기 반도체 회사들은 설계와 제작을 다 하는 종합업체(IDM : Integrated Device Manufacturer)가 일반적이었다. 그러나 점차 공정이 미세·복잡해지면서 제조를 위해 대규모 설비 투자가 필요해졌다. 미국 반도체 업계는 이런 부담을 피해 설계 자산과 사람만 남기고 제조는 남에게 맡겼다.

미국에서 시작된 이러한 국제 분업의 흐름을 대만 정부와 TSMC의 창업자 장중머우가 낚아챘다. 바로 글로벌 파운드리 시장 점유율 56%(시장조사업체 트렌드포스 2021년 1분기 자료), 전 세계 반도체 업체 시가총액 1위인 TSMC 신화의 시작이다.

TSMC의 영업이익은 반도체 분야 세계 1위다. 2021년 1/4분기를 기준으로 영업매출은 인텔 22.1조 원, 삼성전자(반도체부문) 19조 원, TSMC 14.5조 원 순이지만, 영업이익은 TSMC가 6조 원, 인텔이 4.1조 원, 삼성전자가 3.4조 원 순이다. (표2 참조)

경제 파급효과도 크다. 대만은 파운드리와 협업하는 팹리스 분야에서도 미디어텍, 리얼텍, 노바텍 같은 세계적인 기업을 보유하고 있다. 또한 파운드리에서 생산한 제품을 IT 기기에 탑재할 수 있는 상태로 만드는 '후공정(패키징)' 산업도 크게 발달했다. 세계 1위 패키징 업체 ASE, 4위 SPIL, 5위 파워텍 등이 모두 대만에 본사를 두고 있다.

대만 경제는 TSMC 중심의 산업생태계에 의해 나날이 발전하고 있다. 전 세계 파운드리 생산의 50% 이상을 점유하는 TSMC 관련 총 수익은 대만 국내 총생산의 15%에 달한다. TSMC의 주식 시가총액 역시 2021년 5월 기준 6,000억 달러 정도로 세계의 반도체 기업 가운데 1위다. 반도체 산업의 호황 덕분에 2020년 대만은 30년 만에 처음으로 중국의 경제성장률을 넘어섰다. 잘 키운 TSMC

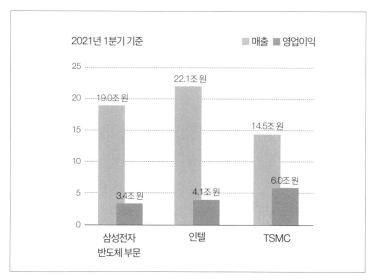

표2 세계 주요 반도체 기업 실적(자료 : 삼성전자, 인텔, TSMC)

하나로 대만이 중국을 이긴 것이다.

TSMC에 대한 대만 정부의 애정은 상상 초월이다. 2021년, 대만에 가뭄이 들자 정부는 하루 약 16만 톤의 물을 소비하는 TSMC에 농업용수를 먼저 제공하는 조치를 단행했다. 식량은 수입해서 해결하고 농민 피해는 보상으로 해결하면서까지 TSMC를 밀어 준 것이다. 쌀보다 반도체가 먼저인 나라가 바로 대만이다.

이제 대만 정부는 제2, 제3의 TSMC를 육성한다는 목표를 세웠다. 2021년 3월 대만의 파운드리 업체인 PSMC가 2,780억 대만 달러를 투입하는 신축공장 착공식에는 차이잉원 대만 총통이 참석해

첫 삽을 떴다.

2021년 4월, TSMC는 대규모 미국 투자를 결정했다. 겉으로는 대만 정부가 미국과 반도체 동맹을 맺음으로써 갓 취임한 바이든 대통령의 눈치를 본 것처럼 보이지만, 이 동맹의 '갑'은 어쩌면 TSMC를 가진 대만일지 모른다. 미국이 중국의 반도체 굴기를 막고 그들 중심의 반도체 동맹을 구축하기 위해서는 반드시 TSMC가 필요하기 때문이다. 바이든 대통령의 반도체 전략회의에 초대된 기업 중 주인공은 사실상 TSMC라고 봐도 무방하다. 미중 반도체 전쟁의 중심에 TSMC라는 반도체 기업이 있기 때문이다.

항간에는 미국의 TSMC 의존도가 너무 높다는 지적도 나온다. "TSMC와의 연결이 끊기면 미국의 국방·전자산업은 최소 5년 이상 후퇴할 것"이라는 우려도 있다. 만약 중국이 어떤 식으로든 대만을 공격해 TSMC를 무력화시킨다면 가장 먼저 타격을 입는 곳이 미국이란 뜻이다.

반도체가 대만의 안보적 위상까지 높여 놓은 것이다.

세계의 아우성, "반도체 식민지가 될 수 없다"

반도체에 목숨을 거는 건 유럽연합(EU)도 마찬가지다. 2021년 1월, 유럽연합 집행위원회(EC)는 '디지털 나침반' 비전을 발표했다. 핵심 내용은 현재 EU가 점하는 10%의 세계 반도체 시장 점유율을 2030년까지 20%로 높이는 것이다. 유럽에 본사를 둔 글로벌 반도체 기업도 적지 않지만, 이들 대부분도 반도체 생산은 아시안 파운드리에 맡기고 있다. 네덜란드에 본사를 둔 차량용 반도체 1위 기업 NXP나 독일 인피니온 등도 생산은 주로 대만과 중국에 위탁한다.

이러한 해외 의존도를 줄이기 위해 독일과 프랑스, 이탈리아, 네덜란드 등이 최대 500억 유로(67조 원)를 투자하기로 합의했다. 특히 장기적이고 구조적인 차량용 반도체 부족 문제를 해결하기 위해 반도체 생산 시설 유치에 노력하고 있다. 자동차 강국 독일의 경우, 완성차 회사들이 2020년 후반부터 감산에 들어갔으니 한시가 급하다. 이들은 삼성전자와 TSMC 두 회사에도 유럽 지역에 생산 공장을 짓도록 러브콜을 보내고 있다.

일본도 반도체 해외 의존도를 낮추고 국내 생산을 확대하기 위해 노력 중이다. 일본은 세계에서 가장 많은 수의 반도체 공장을 보유하고 있지만, 대부분 낡았거나 예전의 기술을 사용하고 있어 생산성도 경쟁력도 없는 상태다. 이에 일본 정부는 민관 협력 기반의 반도체 개발체제를 구축, 2025년부터 양산을 본격화할 것을 목표로 삼고 있다.

일본은 1980년대 후반까지 세계 반도체 시장점유율 50% 이상을 차지하던 세계 1위의 반도체 생산기지였다. 그러던 것이 2021

년에는 10%대까지 떨어졌다. 1987년 반도체 기업 글로벌 톱10 중 다섯 곳이 일본 기업이었다. 그 당시 순위에 이름을 올렸던 일본의 NEC, 도시바, 히타치, 후지쓰, 미쓰비시 등은 2021년 현재 순위에서 사라졌다.

이는 80년대 일본의 반도체 질주에 위기의식을 느낀 미국이 특허소송과 반덤핑 제재, 그리고 1986년·1991년·1996년 3차례에 걸친 '미일 반도체 협정'을 맺음으로써 일본의 반도체 산업 경쟁력을 앗아간 까닭이다. 일본은 그 후 반도체 강국의 위치뿐 아니라 가전제품 왕국의 위상도 잃어버렸다. 반도체 산업의 추락이 일본 주요 산업의 실패로까지 이어진 것이다.

이후 일본은 세계적인 반도체 분업화 흐름에 따라 설계와 생산 대신 소재와 부품에 집중했고, 이 부문에서 현재 세계 1위를 차지하고 있다. 반도체 생산에서 꼭 필요한 실리콘 웨이퍼의 절반이 일본에서 생산되어 세계로 수출된다.

일본의 향후 반도체 관련 주요 전략은 크게 두 가지다. 하나는 잘하는 분야에 더 집중하자는 것이다. 반도체 생산 관련 장비와 소재 부품에 대한 강점을 살려 해당 기술을 발전시키고, 메모리(낸드 플래시), CMOS 이미지센서, 파워반도체, 자동차용 반도체 등 여전히 경쟁력 있는 분야에 대한 적극 지원을 펼칠 계획이다.

다른 하나는 협력을 통한 공급망 확보다. 외국 파운드리 업체와의 공동개발을 추진하고 관련 국가와의 협력을 강화하는 것이다.

일본 반도체 소재 및 제조장치 기업들과 생태계를 이루는 미국, 대만, 유럽의 해외 기업들과 협업을 전개하는 한편 국제 공동연구 개발을 추진한다는 계획이다.

이렇듯 세계열강이 자기만의 '반도체 영토'를 차지하기 위해 치열하게 노력 중이다. 이는 흡사 1900년대 제국주의 열강들이 자원 확보를 위해 식민지 쟁탈전을 벌이는 모습과도 같다. 그리고 지금의 21세기는 '기술 제국주의 시대'라고 해도 과언이 아니다. 4차 산업혁명이 시작되고 있는 지금, 반도체는 그 어떤 것으로도 대체 불가능한 전략 자원이다. 반도체가 경제이자 외교이며 안보인 시대다. 지금의 반도체 패권 전쟁을 그저 산업적 측면에서만 접근하면 안 되는 이유이다.

반도체는 승자독식 구조가 분명한 산업이다. 첨단 제품에는 첨단 반도체를 사용할 수밖에 없다. 자사의 새로운 전자제품에 철 지난 낡은 반도체를 넣고 싶은 회사는 없다. 가장 뛰어난 기술을 가진 반도체 회사에 주문이 몰릴 수밖에 없다. 해당 분야에서 최고의 기술을 가진 회사가 50% 이상의 시장 점유율을 갖지만, 바로 아래 2위 회사는 그보다 훨씬 못 미치거나 아예 손해를 보는 경우도 생긴다. 반도체 전쟁을 패권 전쟁이라고 일컫는 것도 이와 무관하지 않다. 현재 대한민국이 전 세계 메모리 반도체 시장의 70% 이상을 석권하는 것 역시 수십 년 전 반도체 패권 전쟁에서 승리해 얻어낸 결과물이다.

여기에서 안주하면 안 된다. 세계는 호시탐탐 한국의 반도체 패권을 빼앗거나 경쟁력을 낮추기 위한 시도를 하고 있다. 그 대표적인 사례가 2019년 일본이 3개 반도체 핵심 소재 수출을 규제해서 발생한 소위 '한일 반도체 전쟁'이다.

02

한·일
반도체 전쟁

———————————————— 일본발 반도체 소재 수출 규제 관련 기사를 보고 온 이들이 내 주위에 몰려들었다.

"자세히 설명 좀 해주십시오."

손학규 당시 바른미래당 대표가 가장 먼저 내게 물었다. 나는 약 10분간 '압축 강의'를 했다. 이어 곧 다른 국회의원들이 찾아와 설명을 부탁했고 나는 또 기꺼이 응했다. 조문을 마치고 돌아가려는데, 이낙연 당시 국무총리가 빈소에 막 들어섰다.

"잠시만, 저와 얘기 좀 합시다."

그렇게 나는 이 국무총리에게 현 반도체 전쟁 상황에 대한 내 나름의 의견을 보고했다. 연신 고개를 끄덕이며 설명을 끝까지 다 들은 그가 나지막한 목소리로 얘기했다.

"양 원장이 있어 참 다행입니다."

일본의 한국 반도체 정밀타격

"뉴스를 말씀드리겠습니다. 오늘 일본 정부는 반도체 필수 소재 3개에 대한 한국 수출규제를 강화한다고 발표했습니다. 규제 대상은 '포토레지스트'와 '에칭 가스' 그리고 OLED 디스플레이에 필요한 '플루오린 폴리이미드'입니다. 이는 …."

2019년 6월 30일, 일본 정부의 한국 수출규제 관련 뉴스가 언론에 흘러나왔다. 나는 깜짝 놀랐다. 협업 체계가 분명한 반도체 산업에서 스스로 소재 수출을 규제하다니, 일본 기업의 손해도 막대할 것이기 때문에 누구도 예상하지 못했던 일이다.

갑작스러운 일본의 소재 수출규제 소식에 나라 전체가 발칵 뒤집혔다. 뉴스 직후 나에게는 언론사의 인터뷰 요청이 쉴 새 없이 이어졌다.

"반도체 소재 수출을 규제한다는데, 이게 무슨 의미입니까?"

"소재 수입이 안 되면 타격이 얼마나 큰가요?"

국가공무원인재개발원 원장으로 근무하던 당시였다. 평소에 친분이 있던 정치인에게도 문의가 왔다. 밀려오는 전화로 업무를 보지 못할 지경이었다. 나는 즉시 반도체 업계 관계자들에게 현황을 확인했다. 통화하는 사람들에게서 침통함과 분노, 걱정이 뒤섞인 복잡한 감정이 느껴졌다.

일본이 규제한 세 가지 품목 모두 반도체와 디스플레이를 만드는 데 없어서는 안 될 필수 소재들이다. 특히 포토레지스트(PR)는 반도체 생산의 주요 공정인 노광 공정의 핵심이다. 첨단 시스템 반도체를 만드는 데 꼭 필요한 소재다.

'정밀 타격이다!'

나는 일본의 조치가 한국의 첨단 반도체 산업의 질주를 저지하기 위해 치밀하게 계산된 행동이라고 해석했다. PR의 수입이 끊어지면 특히 삼성전자의 차세대 D램과 시스템 반도체 1위 달성 목표에 큰 차질이 빚어질 수밖에 없기 때문이다.

일본의 조치는 우선 정치적인 이유가 컸다. 2018년 한국 대법원이 일제강점기 강제 징용공에 대한 일본 기업의 직접 배상 판결을 내린 직후부터, 일본은 노골적으로 한국에 대한 적개심을 드러냈다. 일본의 정치인은 물론 자국의 언론과 한국 주재 일본 외교관까지 일제히 한국 정부에 불만을 터뜨렸다. 일본 국민도 이런 분위기에 편승했다. 결국 일본 정부는 국민감정을 다스리기 위한 정치적 결정을 한 것으로 보인다.

즉각 우리 정부는 일본에 강력하게 항의하며 철회를 요구했다. 일본은 우리나라가 재래식 무기에 대한 '캐치올' 규제가 미흡하다며 시비를 걸었다. 캐치올 규제란 비전략물자라 할지라도 대량 살상무기 개발에 이용될 수 있다고 여겨지는 경우 해당 물자의 수출을 통제하는 제도다. 한마디로 우리나라 때문에 전략 물자가 북한 등 위험 국가에 들어가지 못하도록 수출규제에 나섰다는 것이다. 말도 안 되는 얘기였다. 한국은 그에 대한 명확한 근거를 제시하라고 요구했지만, 일본은 답하지 않았다.

1980년대 미·일 반도체 전쟁

이와 같은 일본의 도발에는 한국 반도체에 대한 질투심이 섞여 있다. 1980년대 미국이 일본 반도체 산업을 공격하며 경쟁력을 낮춰가는 사이, 한국이 세계 반도체 1위였던 일본의 자리를 꿰찼다고 여기기 때문이다.

1985년 미국과 영국, 프랑스, 독일, 일본으로 구성된 G5 재무장관들이 미국 뉴욕의 플라자호텔에 모여 각국 정부의 개입으로 인한 달러화 강세를 조정하기로 합의했다. 이 합의로 엔화 가치는 일주일 만에 달러 대비 8.3%, 2년 뒤에는 65%가량 절상되었다. 일본의 '잃어버린 30년'의 기폭제가 된 '플라자합의'다.

독일을 제치고 제조업 강국으로 우뚝 선 일본은 엔화 절상이라는 미국의 직접적 견제가 시작되면서 수출이 감소하고 경제성장률도 떨어졌다. 일본 정부는 경기를 부양하기 위해 금리를 인하하고 대출을 완화했는데, 이 조치가 오히려 부동산 가격을 폭등시켜 '거품' 팽창과 붕괴로 이어지게 된다.

일본의 이른바 '잃어버린 30년'에는 반도체 산업 침체가 한몫했다. 1980년대 일본 기업들이 반도체 시장을 휩쓸며 미국 경제를 위협하자, '제2의 진주만 공습'이라며 미국 내 위기감이 고조되었다. 생산기술과 수율을 높인 데다 환율 혜택까지 더해진 일본의 반도체는 기존 미국 시장에 유통되던 미국 제품보다 절반 이상 싸게 공급되었다. 가격 경쟁을 견디다 못한 미국 인텔이 1985년을 끝으로 D램 사업에서 철수하기까지 했다.

생존에 위협을 느낀 미국 반도체 기업 마이크론은 NEC, 히타치, 도시바 등 일본 반도체 기업을 반덤핑 혐의로 제소하기 시작한다. 일본 반도체 기업에 대한 집중견제의 신호탄이었다. 위의 플라자합의를 비롯해 연이은 제소, 반덤핑 보복관세에 시달린 일본은 끝내 미국이 요구한 '자국 내 외산 반도체 사용 비중을 20%로 높이라'는 내용의 '미일 반도체협정'에까지 서명하게 된다. 일본이 미국에 '제2의 진주만 공습'을 가하자 미국이 일본에 '제2의 원자폭탄'을 투하한 셈이다.

결국, 미국의 반도체 산업 보호와 일본 시장 진출을 목표로 한 이 협정은 일본의 반도체 업계에 치명타가 되었고, 후발 주자인 삼성과 TSMC에는 다시없을 천재일우의 기회가 되었다. 자국 내 외산 반도체 비중을 높여야 하는 일본으로서는 울며 겨자 먹기로 삼성전자의 반도체를 추천하는 상황에 부딪히게 된다. 이후 일본의 반도체 기업들은 빠르게 변해가는 산업의 변화에 적응하지 못하고 서서히 쇠락의 길로 접어들었다. 1990년대 저가의 PC가 시장에 널리 보급되는 상황에서도 고가의 대형 컴퓨터에 사용하는 고품질, 고가격의 D램 생산에 집착하는 등 시장에 발 빠르게 대응하지 못하면서 시장은 점점 후발 기업에게 넘어가게 되었다.

그 사이 삼성 반도체는 날개를 달았다. 당시 규모가 작았던 국내 시장을 넘어 전 세계를 주름잡던 일본 전자산업 시장에 반도체를 납품할 수 있게 된 삼성 반도체는 급속도로 성장했다. 메모리 반도체 분야에 사활을 걸고 시장에 발 빠르게 대응하며 점유율을 높여 나갔다. 저가 PC, 모바일로 이동하는 시장의 변화에도 선제적으로 대응하면서 경쟁자를 따돌리기 시작했다.

2021년 1/4분기 현재, 전 세계 메모리 반도체 D램 부문은 삼성전자가 전체의 약 42%, SK하이닉스가 29%를 차지하고 있다. 낸드플래시 부문에서는 삼성전자가 34%, SK하이닉스가 인수 예정인 인텔 낸드플래시 사업 부문을 합쳐 약 20%를 점한다. 우리나라 기업이 전 세계 메모리 반도체 시장의 70% 가량을 차지하는 셈이다.

일본경제침략대책특별위원회

일본의 수출규제 조치 이후 우리 정치권은 상황을 파악하느라 우왕좌왕했다.

'도대체 일본이 배제한다는 반도체 소재라는 게 뭔가?'

'그게 없으면 반도체를 못 만드는 건가?'

'일본에서 수출하지 않겠다면 우리가 얼른 만들면 되지 않나?'

'왜 우리는 반도체 강국이라면서 그런 것도 사전에 제대로 준비하지 못했나?'

기술을 이해하지 못하는 정치인과 관료들은 이 모든 질문에 명확한 답을 내놓지 못했다. 더욱 심각한 문제는 더불어민주당이 일본에 대한 스탠스를 정확히 정하지 못했다는 것이다. 일본을 달래야 할지, 무시해야 할지, 일본에 빌어야 할지, 강경하게 대응해야 할지 갈피를 못 잡는 것처럼 보였다. 그 사이 야당인 자유한국당은 이 사태를 문재인 정부의 책임이라며 정치적 공세를 높여갔다. 한마디로 일본에 무릎이라도 꿇으라는 것이었다.

나는 반도체 출신 정치인으로서 막중한 책임감을 느꼈다. 정치적 문제를 경제적으로 보복하는 일본 정부의 야비함에 대한 분노도 컸다. 그러나 당시 국가공무원인재개발원장으로 재직 중인지라 설불리 나설 수가 없었다. 홀로 반도체 업계 사람들과 전문가들을 만나면서 나름의 대책을 고민했다. 그리고 '정확한 타이밍'에 '정확한 사람'이 '정확한 메시지'를 내주기만을 기다렸다.

시간은 계속 흐르고 있었다. 7월 1일 화이트리스트 제외를 통보한 일본은 3일 후 곧바로 시행에 들어갔다. 7월 5일 금요일, 6일 토요일, 7일 일요일… . 제대로 된 메시지가 나오지 않았다. 더 이상 혼란을 두고 볼 수 없었던 나는 7월 8일 월요일 새벽, 나에게 끈질기게 인터뷰 요청을 해 온 중앙일보 박태희 '열혈'기자에게 문자를 보냈다.

"오늘 아침 8시까지 진천 연수원장실로 올 수 있나요?"

새벽 5시쯤이었을까? 답이 왔다.

"넵!"

문자를 나눈 지 세 시간이 지나지 않은 오전 8시 10분 전, 원장실에 그가 도착했다. 그날 오전 4시간, 점심시간 1시간 반, 총 5시간 반 동안 박태희 기자를 앞에 두고 1:1 반도체 특강을 하며 당시 사태에 관해 설명했다. 이후 기사가 나오기 전 마지막 한 단어까지 검수할 수 있도록 해달라는 부탁을 전하고 박 기자를 돌려보냈다. 이튿날인 7월 9일 마지막 검수를 끝냈고, 7월 10일 아침, "일본, 한국이 비메모리 패권까지 잡을까봐 정밀타격"이라는 제목의 기사가

"일본, 한국이 비메모리 패권까지 잡을까봐 정밀타격"

반도체 전문가 양향자 원장

메모리 27년 넘게, 여자 더 벌어 삼성·대만업체의 비메모리 싸움 소재 바닥내게 실탄 벌어지는 셈

반도체 생태계 사용 모르는 아베 일본서도 너무 나갔다고를 비판

"일본의 소재 수출 규제한 한국의 '비 도체 패권'이 커지는 걸 막으려는 정밀 타격이다"

반도체 전문가이자 지멜(地멜)마이인 양향자 국가공무인재개발원장(전 삼 본과의 소재 수출 갈등을 '기술패권'으 로 설명했다. 8일 충북 진천 국가공무 원인재개발원에서 중앙일보와 한 인터 뷰에서다.

일본의 반도체 소재 수출 규제 당시 기사(중앙일보 2019년 7월 10일)

대문짝만하게 실렸다.

그날 오전, 부친상을 당한 한 원로정치인의 장례식장에 수많은 정치인들의 조문이 이어졌다. 나도 그곳에 참석했다. 장례식장에 들어서자, 조간신문을 보고 온 이들이 내 주위에 몰려들었다.

"자세히 설명 좀 해주십시오."

손학규 당시 바른미래당 대표가 가장 먼저 내게 물었다. 나는 약 10분간 '압축 강의'를 했다. 이어 다른 국회의원들이 찾아와 설명을 부탁했고, 나는 또 기꺼이 응했다. 조문을 마치고 돌아가려는데,

이낙연 당시 국무총리가 빈소에 막 들어섰다.

"잠시만, 저와 얘기 좀 합시다."

그렇게 나는 이 국무총리에게 현 반도체 전쟁 상황에 대한 내 나름의 의견을 보고했다. 연신 고개를 끄덕이며 설명을 끝까지 다 들은 그가 나지막한 목소리로 얘기했다.

"양 원장이 있어 참 다행입니다."

기사가 나가고 이틀 후 더불어민주당에서 연락이 왔다. 당에 '일본경제침략대책특별위원회'를 구성해야겠다는 것이다. 당은 이 사태를 일본의 반도체 침략으로 규정하고 반도체 전문가인 나를 불렀다. '소환 명령'이었다. 당으로 돌아가기 전 나는 일본의 상황을 더 자세히 알아보기 위해 반드시 만나야 할 사람이 있었다.

7월 21일 오전 10시, 도쿄 하네다 공항에 도착하자 저 멀리 산신령 같은 하얀 머리와 하얀 눈썹, 하얀 얼굴을 한 사람이 웃으며 나를 반겼다. 나의 또 다른 아버지이자 한국 반도체의 숨은 조력자, 일본 반도체의 거장 '하마다 시게다카(濱田成高)' 박사다.

하마다 박사와 나는 1988년에 만났다. 그는 1970년대 고 이병철 회장이 삼성의 반도체 사업을 기획할 때부터 기술 이전을 위해 특별히 초청한 인사다. 삼성 반도체의 근원이자 'VVIP'인 그와 아내가 88서울올림픽을 보러왔을 때, 통역이자 가이드를 한 것이 바로 20살의 나였다. 입사 후 일 년 넘도록 일본어를 독하게 공부했지만, VIP를 모시기에는 역부족이었다. 얼떨결에 통역을 맡게 된

2019년 7월 하네다 공항에서 하마다 박사와 함께

나는 박사님 부부를 처음 만난 자리에서 이렇게 말했다.

"죄송한데, 저는 일본어를 잘 못 합니다."

쩔쩔매는 나를 보며 잠시 침묵이 흐르더니 이내 부부의 웃음보가 터졌다. 이후 관광 기간 내내 박사 내외는 나를 따뜻하게 대해 주셨다. 그렇게 인연을 맺게 된 우리는 '부녀지간'이자 '사제관계'로 30년 넘게 지내왔다.

일본인인 그에게도 일본 정부의 행동은 비상식적이었다. 내가 일본에 대해 분통을 터뜨리자, 하마다 박사 역시 깊은 한숨을 내쉬었다. 우리 옆에는 한국에서 동행한 박태희 기자도 있었다.

"역사적·정치적 문제로 경제적·산업적으로 한일 양국이 함께 타격을 받을 선택을 해서는 안 된다"고 운을 뗀 그는 "기술 발전이 인류 역사를 만들어 왔고 그 바탕에는 반도체가 있다. 반도체는 최고의 소재를 만드는 일본, 최고의 생산능력과 기술을 갖춘 한국, 가장 많이 설계하고 소비하는 미국이 함께 발전시켜왔다. 이러한 반도체 글로벌 분업체계를 깨는 것은 인류 발전에 큰 잘못을 저지르는 일이다."라며 안타까움을 드러냈다. 하마다 박사는 나에게 "사태가 잘 해결되도록 역할을 하라"는 당부와 함께 A4용지 두 장에 빼곡히 적힌 자신의 생각을 건넸다. 나는 이후 일본 반도체 상황을 자세히 들여다본 후 한국으로 돌아왔다. 돌아오는 내내 하마다 박사의 말이 머리에 맴돌았다.

"한일의 아픈 과거가 현재와 미래를 망가뜨려서는 안 된다."

7월 31일, 나는 1년간 몸담았던 국가공무원인재개발원장 직을 사퇴하고 당으로 돌아왔다. 곧바로 더불어민주당 '일본경제침략대책특별위원회'가 출범했다. 특위의 위원장은 관록의 최재성 국회의원이 맡았다. 실무를 담당하는 부위원장에 임명된 나는 산업계로, 기술계로 달려가 급선무와 대책을 논의했다.

무엇보다 청와대에 보낼 보고서가 급했다. 글로벌 밸류체인으로 생태계를 이룬 IT산업의 한 축인 일본, 도발 이후 그들의 전략은 무엇인가? 일본이 반도체 소재 규제로 대한민국 기술 패권을 무너뜨리려 하는 이때 우리는 어떻게 해야 하는가? 우리의 무기는 무엇인가? 여기에 대한 답을 담아야 했다.

반도체 경쟁에 있어 우리는 세계 최강팀이다. 삼성전자는 '메모리 반도체 기술'로 29년째 세계 1등 자리를 내놓지 않고 있는 기업이다. 나는 그곳에서 30년간 반도체를 만들어온 엔지니어다. 한국의 기술력을 가장 잘 알고 있는 사람이다. 나는 한국이 절대 지지 않을 것이라고 확신했다. 곧바로 메모리 반도체가 일본 산업에 미치는 영향력을 확인했다. 삼성과 SK의 일본 내 시장점유율 및 영향력에 대해 분석하고, 내로라하는 국내 반도체 전문가들을 만났다. 그리고 일본을 오가며 우리 기업의 주재원 등을 만나 그들의 의견을 들었다. 내 믿음은 맞았다. "우리가 끝내 이길 것이다."라는 내 가설은 자료에 의해 증명되었다.

곧바로 내가 생각하는 한국의 전략을 담아 청와대에 전달했다.

"강경하게 대응하십시오!"

내 보고서의 결론이다. "전 세계 메모리 반도체 생산의 주축을 담당하고 있는 우리의 위상을 생각하면 일본에 끌려다닐 필요가 없다, 일본이 소재 공급을 막겠다면 우리는 D램 공급을 차단하면 된다, 피해는 일본이 더 크니 겁먹을 것 없다, 강하게 나가야 한다, 잠시 피해가 있겠지만 이번 기회에 우리 소재를 국산화하고 경쟁력도 높일 수 있다."라는 것이 보고서의 골자였다.

나중에 전해 들은 이야기지만, 나의 보고서는 정부가 일본에 대한 입장을 정하는 데 크게 도움이 됐다고 한다. 대통령도 무척 마음에 든다며 기뻐하셨다고 한다. 이후 우리 정부와 청와대는 일본에 당장 배제 조치를 원상 복구할 것을 강력하게 요구하며 WTO 제소와 지소미아 파기라는 강수로 일본을 압박했다.

국민과 함께 만든 '아무도 흔들 수 없는 나라'

'보이콧 재팬'

'1919년 독립운동은 못 했어도 2019년 불매운동은 한다'

정부가 강경 대응 방침을 천명하자 국민 역시 강력한 반일운동을 전개하기 시작했다. 수많은 SNS에 'NO JAPAN'이라는 문구가 리본처럼 걸렸다. 일본에 가지도, 일본 물건을 사지도 쓰지도 않겠다는 불매운동이 이내 들불처럼 번졌다. 나는 몇 번씩이나 가슴이 벅차오르는 것을 느꼈다. 찬반으로 의견이 나뉜 정치권과 달리 모든 국민은 한마음으로 일본의 터무니없는 경제보복에 반대하고 또 공분했다. 일본 의류업체는 문을 닫았고, 편의점에서 인기 있던 일본 맥주는 사라졌다. 일본 자동차는 판매가 급감했고, 일본을 찾는 관광객도 확연히 줄었다. 한국 여행객을 잃은 일본 관광지의 주민들이 정부를 원망하는 일까지 벌어졌다.

기업도 발 빠르게 움직였다. 일본 소재의 높은 품질을 대체할 국내 기업을 찾아 나섰고, 충분히 경쟁력이 있다는 판단 아래 대체 가능한 품목들도 점차 넓혀나갔다. 졸지에 한국이라는 거대 시장을 잃어버린 일본의 반도체 소재 기업들이 오히려 타격을 입고 거래 정상화를 정부에 요구하고 나서는 상황이 되었다. 일본의 전략은 오히려 부메랑이 되어 자국 산업을 공격하게 되었다.

그렇게 우리는 일본에 지지 않았다. 아니 승리했다.

일본의 경제 침략이 있은 지 2년, 예상대로 일본의 경제 공격은 한국 반도체에 전화위복의 기회가 됐다. 2020년 7월, 정부는 일본 수출규제 대응 차원을 넘어 글로벌 공급망 재편과 미래시장 선점을 위한 '소부장(소재·부품·장비) 2.0' 전략을 발표했다. 공급망 관리 정책 대상을 기존 100대 품목에서 338개 이상으로 확장하고 차세대 전략기술에 2022년까지 5조 원 이상을 집중 투자하기로 했다. 특히 미래차·시스템 반도체·바이오 등 빅3 산업에 2021년

2조 원 규모를 투자하고 향후 추가적으로 확대해 나가기로 했다.

2019년 8월 15일, 전쟁과도 같은 시급한 상황에서 문재인 대통령의 광복절 축사는 많은 국민에게 공감과 감동을 불러일으켰다. 그날의 연설은 '아무도 흔들 수 없는 나라'라는 이름으로 한일 경쟁 역사에서 오랫동안 기억될 것이다.

"저는 오늘 어떤 위기에도 의연하게 대처해온 국민들을 떠올리며 우리가 만들고 싶은 나라, 바로 아무도 흔들 수 없는 나라를 다시 다짐합니다. 국제 분업체계 속에서 어느 나라든 자국이 우위에 있는 부문을 무기화한다면 평화로운 자유무역 질서가 깨질 수밖에 없습니다. 일본의 부당한 수출규제에 맞서 우리는 책임 있는 경제 강국을 향한 길을 뚜벅뚜벅 걸어갈 것입니다."

03

반도체 전쟁
한국특별본부

—————————————— "일본의 반도체 수출 규제가 일대일의 대결이었다면, 2021년 반도체 전쟁은 세계 대전입니다. 2019년에도 우리 경제가 큰 타격을 입을 것이라는 우려가 있었지만, 우리 국민과 기업 그리고 정부가 호흡을 맞춰 어려움을 이겨내고 오히려 소·부·장 산업을 도약시켰습니다. 대한민국이 주저앉느냐, 비상하느냐 하는 문제가 이번 싸움에 달려 있습니다. 선진국의 입구에 머무를지, 선진국을 주도하는 일등 국가가 될지 이번 전쟁으로 결정됩니다. 일본발 위기를 이겨냈던 것처럼 다시 한번 힘을 모아 주십시오. 승리로 보답하겠습니다."

"모든 반도체 회사가 가동을 멈췄습니다"

삼성전자, SK하이닉스 등 국내 주요 반도체 기업의 공장이 모두 멈춘다면 어떤 일이 일어날까? 소설을 한 번 써보자.

언론에서 일제히 한국 반도체 공장 셧다운 소식을 쏟아낸다. 주식시장에는 서킷브레이커가 발동되고 급기야 매매 거래가 중단된다. 메모리 반도체 가격이 천정부지로 치솟고, 웃돈을 줘도 구하기가 '하늘의 별 따기'다.

가장 먼저 TV 등 가전과 PC, 스마트폰 등 IT 기기 생산라인이 일제히 가동을 멈춘다. 자동차, 조선 등 전통산업도 조업을 제한한다. 한 대당 약 2,000개 반도체가 필요한 전기차 생산라인이 멈춰선다. 병원에 납품해야 할 의료장비도 생산할 수 없다.

사람들의 일상이 바뀌기 시작한다. 코로나19로 부쩍 활용이 늘어났던 플랫폼 서비스가 삐걱거린다. 반도체 공장이 멈추면서 플랫폼 업체들의 서버 확충이 어려워지기 때문이다. 카카오톡이 끊기는 일이 잦아지고, 음식 배달 앱 주문 후 대기시간도 훌쩍 길어진다. 모바일뱅킹이 원활치 않게 되고 은행 창구에 다시 긴 줄이 생겨났다. 로켓배송은 거북이 배송으로 바뀌고, 주민센터는 각종 민원서류 발급이 늦어지면서 사람들의 항의가 빗발친다.

시간이 흐르면서 한국경제가 쓰러져간다. GDP의 5.6%, 수출의 19.4%를 담당하던 반도체 산업이 사라지자 경제는 IMF 외환위기보다 더 큰 충격을 받았다. 일인당 평균보수 1.4억 원에 이르는 양질의 일자리 14만 개가 사라졌다. 100만 명이 심각한 생활고에 직면하고, 전체 설비투자의 24.2%가 허공으로 날아갔다.

소비가 줄고 투자가 꺾이자 정부는 SOC 투자, 부동산 경기 부양 등 모든 수단을 총동원해 보지만, 반도체 산업의 빈자리를 메울 수 없었다. 삼성전자, SK하이닉스, DB하이텍 등 반도체 3사가 붕괴하면서 법인세수의 12.7%가 사라지고 정부 운신의 폭도 크게 좁아진다.

글로벌 신용평가기관들이 한국을 평가 절하한다. 4차 산업혁명 시대에는 한국의 도약이 유력해 보였다. 데이터와 인공지능이 주도하는 4차 산업혁명은 본질적으로 엔진과 기계가 아니라 전기 시대로의 변화였고, 전기를 제어하는 핵심 요소인 반도체 산업에서 한국이 큰 존재감을 보여 왔기 때문이다. 그러나 이 모든 꿈은 물거품이 되고 말았다. 반도체가 사라진 대한민국은 더이상 주도국가가 아니다. 주변국일 뿐이다.

비록 상상의 이야기지만 반도체 산업이 멈춘 대한민국은 생활도, 사회도, 경제도 그야말로 암흑기다. 물론 실제로 전쟁이 나지 않고서는 한국 반도체 산업이 갑자기 증발하는 일은 없을 것이다. 그러나 우리 기업들의 경쟁력이 약해지고 다른 국가에게 추월당하기 시작하면 불행한 상상이 어느새 현실이 될 수 있다.

2021년 미중 반도체 패권 경쟁이 본격화되었을 때, 정치인이자 엔지니어인 나는 다른 누구보다 반도체 산업을 걱정했고 나라의 미래를 불안해했다. 정부 관계자와 동료의원을 만날 때마다 반도체 문제에 관해 이야기를 나누고 또 나눴다.

더불어민주당 의원들의 단체 온라인 대화방에도 이렇게 썼다.

더불어민주당 의원 여러분.

오늘날 안보의 개념은 전통적 영역을 넘어 경제, 외교 등 다양한 요소를 포괄하는 '포괄적 안보(comprehensive security)'로 확장되고 있습니다. 그에 따라 첨단기술의 우위를 확보하는 문제는 단순히 경제전략이나 산업전략이 아니라 국가 안보전략의 일환입니다.

최근 미국이 반도체 새판짜기에 나선 것도 안보전략의 일환일 것입니다. 중국의 '기술굴기'에 따른 미국의 위기감이 작용한 결과로

볼 수 있고, 미국의 전방위 압박과 중국의 대응은 앞으로도 그 강도가 더욱 심화할 것입니다. 특히 반도체는 AI, IoT, 빅데이터 등 4차 산업혁명 시대를 맞이하여 국가 및 기업의 경쟁력을 좌우하는 핵심 요소입니다.

반도체는 대규모 투자를 적시에 단행해야 하는 타이밍 산업으로서, 한번 기회를 놓치면 재기 불가능하다는 특징이 있습니다. 미국, 중국, EU 등이 대대적인 예산을 투입하며 미래 반도체 시장 선점을 두고 치열한 경쟁 중입니다.

우리도 기민하게 대응해야 합니다. 하루빨리 현장의 목소리를 청취하고, 모두가 힘을 합해 한국 대표산업인 반도체의 경쟁력을 지켜나갈 지원방안을 찾아야 합니다.

간절했다. 국회 180석인 여권만 힘을 모아도 반도체 산업을 위해 무엇이든 할 수 있다. 반도체에는 이념이 없다. 야당도 반대할 이유가 없다. 우리의 상대가 미국, 중국, 대만이라면 그들보다 더한 육성·지원책을 마련해줘야 한다. 4월 바이든 대통령의 반도체 기업들에 대한 본격적인 압박이 시작되자 더욱 조바심이 났다.

진심은 통한다고 했던가? 얼마 후 마침내 당 지도부가 청와대와 함께 2021년 5~6월 중 'K-반도체 벨트 전략' 마련을 결정했다. 당내에 특별위원회도 설치하기로 했다. 나에게 몇몇 국민의힘 의원들이 찾아와 국회 차원의 기구를 만들자고 제안을 해왔지만, 시간이 없었다. 만드는 데도 제법 시간이 걸리겠지만 만들어진다 해도 조직이 무거우면 의사결정 속도에 방해가 될 수 있었다. 나는 늦어도 열흘 안에는 청와대에 제출할 안이 만들어져야 한다고 생각했다. 4월 21일, 그렇게 대한민국 반도체 전쟁을 진두지휘할 특별본부 '반도체기술대책특별위원회'가 출범하게 되었다.

반도체기술대책특별위원회

당 지도부(비대위)는 반도체특위 위원장을 나에게 맡겼다. 특히 2019년 한일 반도체 전쟁을 승리로 이끈 경험을 높이 샀다. 자문단으로는 반도체를 가장 사랑하는 전문가들이 대거 참여했다. 임형규 전 삼성전자 사장을 비롯해 김태유 전 대통령 정보과학기술 수석 보좌관이자 서울대 교수, 박성욱 SK하이닉스 부회장, 김형준 차세대 지능형 반도체 사업단장, 이동근 한국경영자총협회 상근부회장, 장석인 전 산업연구원 산업경제센터장 등이 반도체특위를 돕기로 했다. 당에서도 국방·외교·안보·경제·금융·과학·기술 등 각 분야 최고의 실력을 갖춘 국회의원들이 함께했다.

반도체특위에 참여한 모든 이들이 국가의 미래와 반도체 산업 발전을 위한 사명감으로 가득 차 있었다. 출범식에서 나는 국민께 이렇게 말했다.

더불어민주당 반도체기술특별위원회 출범식 당시

"일본의 반도체 수출규제가 일대일의 대결이었다면, 2021년 반도체 전쟁은 세계 대전입니다. 2019년에도 우리 경제가 큰 타격을 입을 것이라는 우려가 있었지만, 우리 국민과 기업 그리고 정부가 호흡을 맞춰 어려움을 이겨내고 오히려 소·부·장 산업을 도약시켰습니다. 대한민국이 주저앉느냐, 비상하느냐 하는 문제가 이번 싸움에 달려 있습니다. 선진국의 입구에 머무를지, 선진국을 주도하는 일등 국가가 될지 이번 전쟁으로 결정됩니다. 일본발 위기를 이겨냈던 것처럼 다시 한번 힘을 모아주십시오. 승리로 보답하겠습니다."

반도체특위의 최우선 과제는 '반도체 특별법'이라고 생각했다. 최대한 빨리 완성도를 갖춘 반도체 산업 지원 특별법을 만들고자 했다. 나는 8월이라는 시한을 정해 반도체특위를 재촉했다. 내용도 중요하다. 미국과 중국의 지원책을 압도할 수 있는 파격적인 지원책이 필요하다. 당장 현장 의견을 수렴해 대통령 시행령으로 가능한 수준의 지원책은 곧바로 대통령에게 건의할 수 있도록 했다.

인센티브 또한 미국 수준(최대 40% 세액 공제) 이상의 파격적인 안을 마련해야 한다. 규제도 반도체에 대해서는 예외로 하는 방안까지 검토해야 한다. 시설기준 허가에 패스트트랙을 과감하게 도입해 기업 투자가 시기를 놓치지 않도록 해야 한다. 시설투자와 인프라 지원 역시 시급히 필요하다. 중요한 것은 스피드다. 나는 하루하루를 분 단위로 나누어 사용하며 학계와 산업계, 그리고 정부 관계자들을 만나 듣고, 설득하고, 부탁했다. 때로는 "반도체 산업이 당신 때문에 위험해진다."라고 협박도 했다.

기존 메모리 반도체 분야에 대한 지원책도 필요하다. 자칫 시스템 반도체에 집중하다가 세계 1위의 한국 메모리 반도체가 위축될 수도 있다고 판단했다. 기존 인프라에 대한 규제를 완화하고 생산에 필요한 용수(用水) 등의 비용에도 정부 지원을 검토해야 한다.

이구동성 "인재가 부족하다"

반도체특위 위원장으로 활동하는 동안 수많은 관계자를 만났다. 그들이 이구동성으로 하는 말은 각종 지원책과 혜택보다 '인재'였다.

삼성이나 하이닉스 같은 대기업은 말할 것도 없고, 중소규모 관련 업체와 팹리스 업체들의 인력난은 더할 나위 없이 심각하다. 인재가 너무 부족하다 보니, 업계 내에서 인정받는 인재가 어느 기업으로 자리를 이동했는지 시시각각 확인하기 위해 촉각을 곤두세우는 실정이다. 산학이 연계하여 인적 자원 육성을 지원하지 않는 이상 이들의 하소연은 날이 갈수록 심각해질 전망이다.

결국, 사람을 키워야 한다는 것이다. 반도체의 기술력은 인재의 수준에서 판가름 난다. 많은 전문가들이 현재 한국의 인재 양성 시스템을 개탄했다. 지난 10년 동안 한국의 인재 양성은 제자리걸음이었다. 향후 30년을 이끌 반도체 인재를 충분히 키워내지 못하고 있었다.

전문가 육성은 산업 경쟁력의 핵심이다. 지금 한국 반도체 산업은 존립 기반이 위협받을 정도로 인력난에 허덕이고 있으며, 외국으로부터 전문 인력을 수급해야 하는 상황이다. 우리가 해외 인재에 의존하는 것은 인력 수급의 어려움을 넘어 또 다른 위험성을 내포한다. 해외 인력은 자국이 파격적인 대우를 제시하면 언제든 썰물 빠지듯 사라질 수 있기 때문이다. 삼성 반도체에 있던 대부분의 중국인 직원들이 2014년 중국 정부가 '반도체 굴기'의 기치를 들고 파격적인 대우로 유인하자 불과 2~3년 만에 자국으로 돌아간 것이 대표적인 예다. 해외 인재가 한국 반도체 산업의 '아킬레스건'이라고 불리는 이유다.

해외가 아닌 국내에서 인력을 구할 수밖에 없는 중소기업에게는 생존과 직결되는 문제다. 대학들도 반도체 학과를 만들고 관련학과 인원을 늘리고 있지만, 교육부의 대학 정원 통제나 다른 학과의 반발 등 여러 어려움 때문에 진행이 쉽지 않다.

무엇보다 교육부 등 정부 유관부처와 협의하여 대학 정원 이슈를 풀고, 정원 제약을 받지 않는 계약학과도 늘려야 하며, 기업 또한 부족한 교수 인력에 대한 지원을 고민해야 한다. 예를 들어 반도체 팹(Fabrication facility, 실리콘 웨이퍼 생산 공장)이 위치한 평택, 용인, 이천, 기흥, 청주 등 거점지역 대학에 계약학과를 포함한 반도체 학과를 신설하고 업계도 임직원에게 겸임교수직을 허용하는 등 부족한 교수 자원을 지원하는 방안을 검토할 필요가 있다. 이는 10년 이상의 시간이 필요한 장기 과제지만 가장 시급하고 절실한 일이다. 그런 이유로 나는 청와대 제안서에 인재 양성 방안을 매우 비중 있게 다뤘다.

K-반도체 전략으로 완성하다

반도체특위는 약 10일간의 심층 회의를 통해 반도체 산업을 위한 전략서의 초안을 만들었다. 정부는 이를 기반으로 5월 13일 '종합 반도체 강국 실현을 위한 반도체 전략'을 완성해 발표하기에 이른다. 이른바 'K-반도체 전략'이다.

　여기에 학계와 업계가 소통해 만들어진 반도체특위의 요구가 대부분 반영되었다. 기업인들과 전문가들도 깜짝 놀랄 정도였다. R&D와 시설 투자에 대한 획기적인 세제 혜택과 자금 지원, 인재 양성, 기술 유출 방지 등 현재 필요한 정책들이 총망라되었다.

　'K-반도체 전략'의 주요 내용을 보면, 우선 핵심은 세계 최대의 최첨단 반도체 공급망을 구축하는 것이다. 삼성전자, SK하이닉스 등이 2021년 41조8천억 원 투자를 시작으로 2030년까지 10년간 누적으로 510조 원 이상을 투자하기로 했다. 단일 산업 중 최대 규모다. 삼성전자는 평택 파운드리에, SK하이닉스는 용인 소부장 특화단지에, 반도체 패키징 사업이 주력인 네패스는 첨단 패키징 플랫폼에, 리벨리온은 판교 팹리스 밸리에 각각 대규모 자금 투자를 결정했다.

　정부 지원책도 파격적이다. 반도체 R&D에 최대 40~50%, 반도체 시설투자는 최대 10~20% 세액을 공제해주기로 했다. 공제기간은 2024년까지다. 총 1조 원 이상의 '반도체 등 설비 투자 특별자금'을 신설해 우대금리로 설비 투자를 지원한다.

　반도체 생산에 있어서 필수인 용수와 전기도 지원한다. 용인·평택 등 반도체 단지가 있는 곳에서 10년 치 용수가 확보되고, 정부와 한국전력에서 전력 인프라의 최대 50%를 공동분담해 지원하기로 했다.

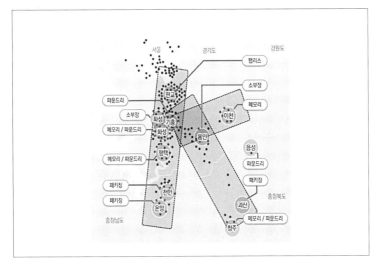

표3 K-반도체 벨트 개념도(출처 :산업통상자원부)

반도체특위가 강력하게 요구했던 반도체 특별법은 국회 및 관계 부처와 협의하여 입법 방향을 본격 논의하기로 했다. 규제특례, 인력양성, 기반시설 지원, 신속투자 지원, R&D 가속화 방안 등을 종합적으로 고려할 계획이다.

마지막으로 반도체 업계의 숙원인 인력 양성 계획도 담겼다. 정부는 10년간 산업인력 3만6천 명 육성 계획을 세우고, 이를 위해 반도체 관련학과 정원을 확대해 1,500명을 배출하기로 했다. 반도체 장비 기업과 연계해 5개교에 계약학과를 신설, 학사 인력 14,400명도 양성할 계획이다.

'K-반도체 전략'이 차질 없이 추진된다면, 우리나라 연간 반도체 수출은 2020년 992억 달러(약 112조 원)에서 2030년 2,000억 달러(약 226조 원)로 늘어나고, 고용인원도 총 27만 명으로 늘어난다.

전략은 세워졌다. 실행만 남았다. 이제 'K-반도체 전략'을 누가 주도적으로 실행하고 완성하느냐가 중요해졌다. 아울러 전략의 미비점과 보완점도 찾아야 하고 국회 차원에서도 대응 가능한 시원책이 추가로 발굴되어야 한다.

반도체특위는 지금도 계속되고 있다. 당의 새 지도부가 들어서면서 위원장은 바뀌었지만 나도 최선을 다해 뛰고 있다. 당과 국회에서 반도체 지원을 위한 예산 부수 법안, 시행령, 시행규칙, 고시 등 입법의 전 과정을 적극적으로 주도해, 늦어도 2021년 정기 국회 중에 이들 모두가 제도로 완성될 수 있도록 오늘도 동분서주하고 있다.

기술 패권, 역사를 바꿨다

기술이 한 나라의 가장 중요한 경쟁력이라는 사실은 인류의 역사가 이미 여러 차례 증명한 바 있다. 산업혁명의 나라 영국이 전 세계에 자국의 식민지를 두었고, 미국의 과학과 기술이 제2차 세계 대전에 종지부를 찍었다.

영원한 적도, 영원한 우방도 없다는 냉혹한 국제관계, 그 안에서 과학과 기술을 선도한 국가는 언제나 '형님'이었고 따라야 할 대상이었다. 과학과 기술을 발전시키지 못한 나라는 손을 내밀거나 잡아먹히거나 둘 중 하나일 수밖에 없었다.

새로운 기술, 새로운 산업이 탄생하고 발전하는 동안, 변화한 환경에 빠르게 동참하고 적응한 나라는 성장과 번영의 역사를 만들었다. 반대로 변화를 거부하거나 뒤처진 나라와 민족은 종속되거나 도태되었다. 퍼스트 무버(First Mover)가 되지 못했다면, 패스트 팔로워(Fast Follower)라도 되어야 기회를 노릴 수 있다. 인류 역사

산업혁명 당시 영국의 면직물 공장

상 어느 사회도 혁신을 지속하지 않고 건강하게 유지된 경우는 없다. 어제의 영광에 도취한 국가와 사회는 기회를 엿보는 새로운 세력에 힘과 권력을 넘겨주기 마련이다. 건강한 사회를 지속하고 싶다면 항상 미래를 두려워해야 한다. 과거나 현재의 사상과 기술에 경도된 채 미래의 것을 선도하거나 수용하지 않는 민족의 앞길은 어두울 수밖에 없다.

기술은 지배자와 피지배자를 나눴다

근대사회 이후 인류를 지배 계층과 피지배 계층으로 양분한 대

표적인 사건이 산업혁명이다. 혁신적인 신기술의 탄생이 산업의
발전을 자극하고, 산업의 발전은 국가와 사회의 경쟁력을 높인다.
해가 지지 않는 나라 영국. 행위의 정당성을 떠나 전 세계에 자국
의 식민지를 건설한 영국의 경쟁력 역시 기술과 산업의 발전에서
기인한다.

널리 알려져 있듯이 영국의 산업혁명은 방적기의 발명으로부터
시작되었다. 사람의 손으로 물레를 돌려 실을 뽑아내던 작업을 기
계가 대신하면서 생산효율이 급격히 높아졌다. 직물을 다양하게
활용하기 위해 염료, 화학, 패션 디자인과 같은 전방산업이 발달했
고, 직물 기계를 만들기 위해 광산업, 목화재배업 등의 후방산업도
빠르게 성장하였다. 직물과 관련한 제조업의 발달이 기계, 화학 등
고부가가치 산업 발달의 촉매로 작용한 것이다.

기계를 이용한 대량 생산의 가치를 확인한 영국에서 제련, 야금,
기계공작 기술이 발전하면서 철제 군함과 함포, 개인화기 등이 생
산되었고, 이는 막강한 군사력으로 이어져 세계 제패의 도구가 되
었다.

서양의 기술에 무너진 동아시아

전 세계로 경제 영토를 넓히고자 했던 영국의 욕망 앞에 동아시

아는 속절없이 무너졌다. 대표적인 것이 아편전쟁이다. 당시 영국 귀족 사회에 차(茶) 문화가 발달하면서 중국의 품질 좋은 차를 구하려는 수요가 날이 갈수록 팽창했다. 그러나 풍부한 물자와 값싼 노동력을 가진 중국에서 면직물을 비롯한 영국의 수출품은 인기를 끌지 못했다.

본국에서 수요가 급증한 차 수입으로 인해 영국의 대중 무역적자는 날이 갈수록 커져만 갔다. 문제는 차를 구입하는 대가로 지불한 자국의 은화였다. 영국은 날이 갈수록 커지는 대중 무역적자를 만회하고 자국의 은을 회수하기 위해 아편 밀수출이라는 온당치 못한 방법을 선택한다.

영국의 상인들은 식민지인 인도의 벵갈지역에서 대규모로 아편을 재배하여 이를 중국에 밀수출한다. 아편은 한번 시작하면 끊기 힘든 마약이다. 민중이 마약에 중독되어 피폐해지는 모습을 그대로 두고 볼 지도자는 어디에도 없다. 관료와 상인, 지주와 노동자, 지위고하와 직업을 막론하고 사회의 모든 계층이 중독성 강한 마약에 물들어가자, 중국은 아편의 수입과 판매를 강력히 통제하기 시작한다. 밀수입을 막고 판매책을 엄단했다.

바로 이때 자국 상인 보호를 명목으로 영국이 군대를 몰고 들어와 일으킨 것이 '아편전쟁'이다. 영국 내부에서조차 '부도덕한 전쟁'이라며 반대의 목소리가 높았지만, 자본가들의 편을 들어 전쟁을 시작한다.

아편전쟁 당시 영국함대의 공격

정당성을 인정받을 수 없는 영국의 침략. 그러나 중국에는 그들
을 물리칠 능력이 없었다. 20척의 군함과 4,000명의 군사로 3억5
천 인구의 청나라를 공격해 베이징까지 점령한 영국군. 그들의 신
식 무기가 내뿜는 가공할 화력 앞에 중국은 속수무책 당할 수밖에
없었다.

일본도 마찬가지였다. 영국에서 시작된 산업혁명에 자극받은 유
럽과 미국 역시 산업이 빠르게 발전하였고, 이들 역시 화력을 앞세
워 시장을 개방하라며 압력을 가했다. 1858년, 일본은 신식 함포
와 개인화기로 무장한 미국 함대의 시장 개방 요구에 무릎을 꿇고
불평등조약을 체결한다. 바로 '미일 수호통상조약'이다.

중국의 중체서용, 일본의 화혼양재

영국과 미국의 화력에 굴복한 중국과 일본은 서양을 이길 방법은 그들의 기술을 받아들여 힘을 기르는 방법밖에 없다는 생각으로 각각 '중체서용(中體西用)'과 '화혼양재(和魂洋才)'의 기치를 높이며 서구의 기술을 학습하기 위해 애썼다. 그러나 두 나라의 방식은 사뭇 달랐다. 중국은 제도는 그대로 둔 채 서양의 기술만 습득하겠다는 '중체서용'을 택해 양무운동을 일으켰지만, 일본은 혼만 빼고 모두 바꾸겠다는 '화혼양재'를 앞세워 메이지유신을 단행하고 서구의 기술과 문물을 받아들였다. 서양의 기술만을 받아들이겠다고 결정한 중국과 혼만 남겨두고 모든 것을 바꾸겠다는 일본. 두 나라의 서로 다른 선택은 이후 중국의 몰락과 일본의 번영으로 이어지는 결과를 가져온다.

서구의 기술을 온몸으로 받아들인 일본은 그들이 미국으로부터 굴욕적인 통상조약을 강요받은 지 16년 만에 개량한 함포와 개인화기를 앞세워 조선을 공략했다. 그리고 자신들이 미국과 체결한 불평등조약 이상의 불평등조약을 체결할 것을 요구했다. 우리에게 '강화도조약'으로 더 친숙한 '한일수호조규'가 바로 그것이다. 주자학과 소중화 사상에 갇혀 위정척사를 앞세우던 조선은 일본의 야욕에 야금야금 나라를 빼앗기고 급기야 36년간 일제에 강점당하는 치욕의 역사를 경험하게 된다.

화혼양재를 앞세워 메이지유신을 단행한 일본은 이후 청일전쟁, 러일전쟁에 연달아 승리하였다. 이후 동아시아와 동남아시아, 오세아니아를 아울러 아시아 전역에 새로운 질서를 세우겠다는 명분으로 '대동아공영권'을 내세우며 만주, 타이완, 필리핀, 베트남, 라오스 등 아시아 각국에 침략과 민간인 대학살의 역사를 남겼다.

거칠 것 없던 일본을 다시 무너뜨린 것 역시 미국의 기술이었다. 아시아 침략 이후 열강의 견제를 받기 시작한 일본은 진주만을 공격하며 제2차 세계 대전에 본격적으로 참전한다. 엎치락뒤치락하던 전쟁을 종결한 것은 미국이 1945년 8월 6일과 9일 각각 히로시마와 나가사키에 투하한 원자폭탄이었다. 인류 최악의 과학 발명품이라고도 불리던 핵폭탄 개발에 성공한 미국의 기술이 일본을 다시 무릎 꿇게 한 사건이었다.

대한민국의 초단기 압축 성장

미국의 기술이 일본을 굴복시킨 이후, 해방을 맞이한 한반도는 다시 남북으로 갈리는 슬픔을 겪게 된다. 그리고 급기야 같은 민족끼리 서로 총구를 겨누고 전쟁을 벌인다. 한국전쟁 이후 대한민국은 처참하다는 말로도 모자랄 만큼 피폐한 상태였다. 1953년 1인당 국민소득은 67달러 수준으로, 전 세계 최빈국 중 하나였다.

1960년대에 시작된 국가주도 경제개발이 농업사회를 산업사회로 바꾸는 결정적 계기를 마련했고, 우리는 이후 '라인강의 기적'을 뛰어넘는 '한강의 기적'을 일궈냈다. 뭐 하나 제대로 만들지 못하던 나라가 '수출 주도 성장'이라는 명제 아래 그야말로 피땀 흘려 지금의 대한민국을 일궈냈다. 정부 주도하에 중화학공업과 철강, 자동차, 조선 등 중후장대 산업 발전에 국가의 명운을 걸었다고 해도 과언이 아닌 시기였다.

외국에서 돈을 빌려 산업을 발전시키는 일이 쉽지만은 않았다. 한 푼이라도 외화를 더 벌어들이기 위해 우리의 청년들은 독일의 땅속 깊은 갱도에서, 베트남의 전쟁터에서, 태양이 작열하는 중동의 사막에서 외화를 벌어들여 산업 발전의 밑거름을 마련했다. 인간으로서의 존엄마저 위태로운 고된 노동환경 속에서 '공돌이' '공순이' 소리를 들어가며 피눈물 나는 고통을 견뎌냈기에 지금의 대한민국이 있을 수 있었다. 수출 경쟁력이라고는 가격밖에 내세울 수 없던 시절, 수많은 노동자의 희생이 뒤따라야 했지만, 그들의 노고가 있었기에 지금의 대한민국이 존재할 수 있었다.

당시 정부는 경제개발 5개년 계획을 반복하며 공업 입국의 기치를 높였다. 먹을 것이 부족하여 밀가루와 설탕을 원조받았고, 어렵게 얻은 차관으로 간신히 국가 경제를 이어가던 시절이었다. 외국의 물건을 우리가 만들어 외국에 다시 수출한다는 건 당시 상황으로는 말도 되지 않는 일이었다.

선진국들이 100여 년에 걸쳐 이루어낸 경제성장을 불과 20~30년 만에 따라잡는 '압축성장'이 가능했던 건 정부의 의지와 추진력, 일주일에 80~90시간을 일하며 고통을 견딘 노동자들이 있었던 덕분이다.

대한민국을 선진국으로! 핵심은 기술력

한국전쟁 이후 최빈국이었던 우리가 산업을 빠르게 발전시켜 중진국의 기틀을 마련하기까지 기업과 정부는 힘을 합쳐 생존과 경쟁의 돌파구를 마련했고, 노동자들은 뼈를 깎는 고통을 견뎌냈다. 그러나 국가주도로 경제성장을 이룬 개발도상국들이 겪는 이른바 '중진국의 함정'에 빠질 가능성 또한 매우 높았다.

중진국의 함정이란, 짧은 시간 안에 압축성장을 이룬 국가가 기존 성장에 안주한 채 정체되거나 퇴보하는 것을 말한다. 기술개발 투자에 적극적으로 나서지 않고, 그로 인해 산업 다각화에 실패하고, 제조업 성장은 정체되는 한편 생산비용은 상승하면서 경제성장이 답보하는 상태다. 중진국 함정에 빠지지 않고 선진국으로 도약하기 위해 무엇보다 중요한 건 먼 미래를 내다보며 적극적으로 연구하고 개발하여 노동집약적 산업과 경제를 고부가가치의 기술 우위 경제로 전환하는 일이다.

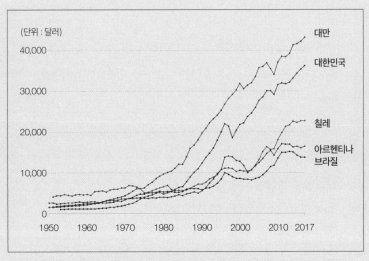

(단위 : 달러)

40,000

30,000

20,000

10,000

0

1950 1960 1970 1980 1990 2000 2010 2017

대만

대한민국

칠레

아르헨티나
브라질

표4 1950년부터 2017년까지 주요 국가 1인당 GDP 현황(자료 : 아워 월드 인 데이터)

중진국의 함정에 빠진 대표적인 나라가 남미의 브라질, 아르헨
티나, 칠레 등이다. 우리보다 먼저 중진국에 도달한 이들은 급격한
성장 후 오랜 정체에 시달렸다. 〈표 4〉에서 보는 바와 같이 대한민
국은 1970년대 중반까지만 해도 1인당 GDP가 비교국 중 최하위
였다. 그러나 여러 차례의 위기를 슬기롭게 극복하고 선진국 대열
에 합류할 수 있었다.

물론 우리도 남미의 나라들처럼 중진국의 함정에 빠질 가능성이
아주 컸다. 빠른 공업화로 중진국 반열에 올라섰지만, 외부의 경쟁
은 날이 갈수록 치열해지고, 자국의 산업을 보호하려는 각국의 견
제도 심해졌다. 보호무역의 장벽을 뛰어넘기 위해서는 산업을 다

각화하고 선진화하는 노력이 절실했다.

이때 우리 기업이 뛰어든 분야가 가전, 컴퓨터, 반도체 등 당시에는 상당히 뒤처져 있던 기술집약적 산업이었다. 특히 반도체의 경우, 이미 대량 생산 체제를 갖춘 미국이나 일본의 기술과 생산능력을 따라잡는다는 건 가능하지도 않고, 규모의 경제 측면에서도 대규모 손실이 불 보듯 뻔해 보였다. 그러나 미래 산업을 주도할 먹거리라는 데 의심의 여지가 없다는 판단 아래 우수 인력 양성과 개발 의지를 끝까지 관철했고, 결국 1990년대부터 본격적으로 메모리 반도체 분야 세계 1위의 자리를 차지할 수 있었다.

남미와 중앙아시아의 여러 나라가 중진국의 함정에 빠져 허우적대는 동안, 아시아의 네 마리 용, 그중에서도 한국과 대만은 중진국에서 도약해 선진국의 반열에 진입했다. 공교롭게도 이 두 나라 산업의 핵심이 바로 반도체다. 삼성전자와 TSMC, 각각 메모리 반도체와 시스템 반도체 분야 세계 1위의 기술력이 두 나라 산업의 중심에 있다.

2부

과학기술이
정치를 이긴다

01

부모보다 못 사는
최초의 세대

우리 세대가 젊었던 80년대와 90년대 초에는 설사 돈 많은 부모를 둔 운 좋은 친구를 봐도 크게 부러워하지 않았다. 나도 잘 살 수 있다는 희망이 있었기 때문이다. 90년대 초까지만 해도 지방 국립대를 졸업하고 대우, 금성, 현대, 삼성 등 주요 기업 열 군데 취업원서를 내면 대여섯 곳에서 입사 합격 통지가 올 정도였다. 많은 청년이 좋은 일자리를 얻고 곧 내 집을 살 수 있고 풍요롭게, 아니 적어도 남부럽지 않게 내 아이들을 키울 수 있다고 믿었던 시절이다. 그리고 열심히만 살면 실제로 가능한 일이었다.

이유는 딱 하나다. 그때는 대한민국의 산업 규모가 나날이 커지고 하루가 다르게 경제가 발전해가는 고성장의 시대였기 때문이다.

청년들에게 세상은 허망하다

"다음 뉴스입니다. 최근 들어 비트코인과 주식 투자를 하는 20·30대들이 크게 늘었습니다. 젊은이들 사이에 일종의 유행이라고 하는데요. 대학생들을 직접 만나 얘기를⋯."

뉴스를 함께 보던 대학교 4학년 둘째 아이에게 물었다. 최근 2030 청년들이 단기 주식 투자와 가상 화폐(비트코인)에 부쩍 관심이 많은 이유가 뭐냐고. 답은 간단했다.

"우리 또래는 월급으로 집을 못 사요."

설사 대기업에 취업한다고 해도 급여 소득만으로는 변변한 아파트 한 채 사지 못하는 것이 청년들의 현실이라는 것이다. 그도 그럴 것이 서울의 경우 2021년 6월 아파트 평균 매매 가격이 약 11억을 넘어섰다.

한 달에 100만 원씩 모아 집값을 낸다고 해도 모두 갚는 데 100년 가까이 걸린다. 배우자와 함께 100만 원씩 200만 원을 저축해도 50년이다. 능력이 있는 부모가 화끈하게 5억 원을 집값에 보태줘도 30년이 걸린다. 30년⋯. 무려 5억 원을 주택자금으로 도와줄 수 있는 능력 좋은 부모 밑에서 30살에 결혼한 부부도 환갑이 되어야 마침내 빚 없는 내 집을 갖게 되는 것이다.

우리 현실에서 한 달에 100만 원을 꼬박꼬박 저축할 수 있는 청년이 얼마나 될까? 대기업에 다니는 청년도 주변에 흔치 않다. 만약 중소기업에서 220만 원(2020년 20대 직장인 평균 월급 수준)을 받는 청년이 부모와 따로 산다고 가정해보자. 전세금과 월세 등 주거비용과 식비가 추가로 들어간다. 조그만 자동차라도 한 대 구입해서 매달 할부금까지 낸다고 가정하면, 아마 십중팔구 그의 통장 잔액은 마이너스가 될 것이다.

연애, 결혼, 출산을 포기한다는 '3포 세대'는 결코 한때의 유행이나 젊은이들의 라이프 스타일이 아니다. 제대로 된 아파트 한 채 못 사는, 그래서 결혼과 출산이 불행할 수도 있다는 생각을 가진 그들이 이 세 가지를 포기하는 것은 어쩌면 자신의 존엄을 지키기 위한 실존적 선택이다. 자식의 손에 두툼한 돈뭉치를 얹어줄 수 없어 슬퍼할 부모를 위한 갸륵한 선택이다.

좋은 부모, 좋은 학교, 좋은 직장. 3가지를 다 가져야 풍요롭게 살 수 있고 결혼과 출산이라는 평범한(?) 미래를 누릴 수 있다고 생각하는 젊은이들, 이들에게 주식투자나 비트코인은 비루한 현실을 단번에 벗어날 수 있는 유일한 '동아줄'이다. 누가 이들을 탓할 수 있을까?

'인생은 한강뷰 아니면 한강물'

요즘 젊은이들 사이에 떠도는 우스갯소리라고 한다. 비트코인 투자에 성공하면 한강뷰가 보이는 수십억짜리 아파트에 살고 실패하면 한강물에 빠져 죽는다는 뜻이다. 일부 청년들의 이야기일까?

그렇지 않다.

청년들의 비트코인 투자는 점점 더 늘고 있다. 2021년 4월 전체 비트코인 투자자 중 20대~30대가 차지하는 비율은 약 60%, 180만 명에 이른다. 2021년 4월 금융위원회 통계를 보면 빗썸·업비트·코빗·코인원 등 4대 비트코인 거래소의 1분기 신규 가입자의 약 60%도 20·30대였다. 이 투자를 위한 예치금 증가율 또한 20대 154.7%, 30대 126.7%로 연령대가 낮아질수록 높다. 한 기업(알바천국, 2021년 5월)에서 대학생 1,750명을 대상으로 설문조사를 한 결과 대학생 23.6%, 약 4분의 1이 가상화폐에 투자 중인 것으로 집계됐다.

전체 주식투자 중 청년들의 비중도 최근 대폭 늘었다. 2020년 신규로 개설된 증권 계좌 723만 개 중 392만 개, 전체의 54%가 20·30대의 것이다. 자본시장연구원에서 2020년 3월부터 10월까지의 투자 성적을 분석한 결과, 신규 투자자의 수익률은 거래비용까지 포함했을 때 -1.2%다. 기존 투자자의 수익률(18.8%)보다 크게 뒤떨어지는 결과다. 신규 투자에 뛰어든 청년들이 단기 주식투자에 집중하면서 거래비용은 많이 들어간 데 반해 수익을 못 내고 오히려 마이너스란 뜻이다.

가끔 주식이나 비트코인 투자 실패로 자살한 청년들의 이야기가 뉴스에 나오면 나는 한동안 멍하니 생각에 잠긴다. 사행성 투기에 빠진 일부 '노름꾼'의 이야기가 아님을 너무 잘 알기 때문이다. 삶을 마감하는 그때 그 청년은 무슨 생각을 했을까? 부모를 원망했을까? 부모에게 미안해했을까? 그 고통이 떠오르며 가슴이 미어진다. 그리고 한없는 죄책감에 빠진다. 우리 자식들에게 왜 이토록 허망한 세상을 물려줘야만 하는가?

6.25 이후 부모보다 가난한 최초의 세대

흔히들 20대와 30대, 이른바 MZ세대는 6.25전쟁 이후 부모보다 가난하게 사는 최초의 세대라고 한다. 당연히 나이 든 부모들이 어린 자식들보다 경제 능력이 높은 경우가 많다. 문제는, 세월이 지나고 자식이 40살이 되고 50살이 넘어도 부모의 소득이나 자산보다 많아지지 않는 데 있다.

50대 중반인 내 또래나 60대의 선배 부모들을 만나 봐도 자식이 자신보다 더 부자로 살 수 있을 것으로 기대하는 사람이 별로 없어 보인다. 자식에게 용돈을 받거나 부양받는 것은 언감생심, 오히려 자식이 내 돈이나 가져가지 않으면 다행이라고 생각하는 부모들이 많았다.

실제 소득 격차를 보자.

2020년 국회예산정책처의 '세대 간 소득 격차 분석' 자료에 따르면 생애 평균 실질 임금(25~29세 첫 취직 가정할 경우)이 1978~1982년생의 375만 원을 기점으로 이후 세대부터 물가 대비 조금씩 줄어드는 추세다. 현재 40대보다 어린 세대일수록 소득이 점점 적어진다는 뜻이다.

자산 격차는 어떤가?

2020년 가계금융복지조사 결과에 따르면 국내 가구의 부채를 뺀 평균 순 자산은 20대가 7천241만 원, 30대는 2억5천385만 원, 40대는 3억7천359만 원, 50대는 4억987만 원, 60세 이상은 3억7천422만 원이었다. 집값이 안정되지 않아 현재의 2030 세대가 무주택으로 살아갈 경우, 세대 간 자산 격차는 더욱 커질 것이다.

젊은이들이 빚이 많은 것도 큰 문제다.

전국 가구당 평균 부채는 8천256만 원이었는데, 이 중 20대는 3천479만 원, 30대는 1억82만 원, 40대는 1억1천327만 원, 50대는 9천915만 원이었다. 소득 수준이 높고 자산도 많은 40·50대에 비해 사회 초년생인 20·30대가 지고 있는 7천만 원대의 빚은 매우 무겁게 느껴진다.

일자리도 20대는 변변치 않다.

2021년 3월 통계청이 발표한 고용 동향을 보면 20대 실업률 10%(실업자 40만4천 명), 30대 실업률 4.1%(실업자 22만3천 명), 40대 실업률 2.7%(실업자 17만3천 명), 50대 실업률 3.1%(실업자 20만1천 명)이었다. (표5 참조)

물론 이런 이유에는 평균 수명이 늘어난 것도 한몫을 차지할 것이다. 과거 평균 수명이 60~70세 정도일 때는 자식이 결혼해서 낳은 아이가 초등학생이 될 때쯤 부모가 사망하고, 자식은 부모의 자산을 상속을 받아 내 집 마련 등을 할 수 있었다. 그러나 평균 수명이 80세를 넘어서는 요즘 부모들은 자신의 노후를 준비하고 지속

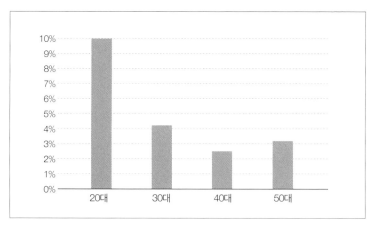

표5 세대별 실업률(자료 : 통계청 2021.3)

해야 하기 때문에 자식에게 물려줄 재산을 아끼게 된다. 오히려 소득이 사라진 채 노후를 자식에게 의탁하는 부모가 늘어나면서 자식은 더 가난해질 수밖에 없다.

자식 입에 밥 들어가는 것만 봐도 행복한 것이 부모의 마음인데, 자신보다 가난하게 살아가게 될 자식들을 보는 그 마음은 오죽할까? 부모 세대와 자녀 세대 모두에게 힘겨운 이 같은 경제 상황은 대체 무엇 때문인가? 세계적인 경기 추세가 그렇다느니, 코로나19 때문이라느니 기성세대가 청년들에게 핑계만 댈 것인가?

양극화의 단상, 부도 재능이다?

더욱 가슴 아픈 것은 부자가 가난한 자를 멸시하는 것을 넘어 심지어 조롱하고 빈부가 하나의 운명처럼 받아들여지는 세태다. 어린이와 젊은이들 사이에서 일어나는 이 같은 현상은 비뚤어진 우월감과 좌절감을 만들어내기 때문에 심각성이 크다.

"부모 잘 만난 것도 능력이다."

막강한 '빽'과 돈이 있는 엄마 덕분에 부정하게 대학에 들어간 최순실의 자식이 한 이 말에 온 국민이 분노했었다. 2017년 촛불 시위와 대통령 탄핵의 큰 축이기도 했다. 그러나 평범한 우리 자식들의 삶에도 이런 비뚤어진 의식이 녹아있다.

혹시 '빌거' '휴거' '이백충'이라는 말을 들어봤는가? 우리 아이들이 쓰는 말이다. 이 말은 모두 자기보다 가난한 아이들을 조롱하는 말이다. '빌거' '휴거'에서 '거'는 거지를 의미하고 '빌'은 빌라, '휴'는 주공아파트를 뜻한다. '이백충'에서 '이백'은 부모의 월급을 일컫는다. 참으로 부끄러운 일이다.

자식이 만약 이런 놀림을 받고 온다면 부모의 마음이 어떨까? 상상만 해도 가슴이 무너진다. 이런 일들은 보통의 가정이 아닌 이상한 부모에게 가정교육을 잘못 받아 생기는 것이라고 여기는 분은 가슴에 손을 얹고 한번 생각해보시라. 혹여 자식에게 "그 친구는 어디 사니?"라고 물어본 적이 없는지 말이다. 아이들 앞에서 경제적 수준과 자산의 정도로 누군가를 가늠하지 않았는지 나부터 반성해볼 일이다.

내가 어렸을 때는 우리 집이 잘산다, 내 부모가 부자다라며 자랑하는 경우를 찾아보기 어려웠다. 내가 초등학교 시절, 아버지는 병들어 누워 계시고, 가난한 살림에 가방도 없이 책 보따리를 들고 학교에 다녔다. 그래도 주눅 들지 않았던 것은, 그때는 모두 못사는 절대빈곤의 시대인 이유가 크지만, 부자들이 그 자식들에게 겸양의 도를 가르쳤기 때문이기도 하다. 가슴에 사무치게 가난을 놀리는 친구들이 내게는 없었다.

〈응답하라 1988〉이라는 드라마가 있었다. 한국의 80년대 후반이 배경인 그 드라마에 국민이 열광했던 가장 큰 이유는 번듯한 이

층집 주인의 아들과 지하방에 세 들어 사는 아이가 모두 사이좋게 지내는 아름다운 이야기였기 때문이다. 잘 살고 못 사는 것이 과시나 멸시로 이어지지 않았던 그 시절에 대한 기억 때문이다. 모두가 잘살 수 있다고 믿었던 그때는 부모가 구한 아파트의 평수가 아이들의 꿈의 크기가 아닌 시절이었다.

내가 결혼을 하던 20대 때, 그 시절까지도 청년이 부모의 덕을 보는 것은 흠이면 흠이었지 자랑거리가 아니었다. 부모 덕분에 내 집을 마련한 사람은 혹여 자신의 능력이 부족하다고 비칠까 봐 그 사실을 밖으로 잘 꺼내지도 않았다.

만약 지금 20대의 누군가가 주위 친구들에게 좋은 집을 부모에게 물려받았다고 자랑한다면 어떨까? 대부분 이런 반응일 것이다.

"와, 능력자!"

요즘 젊은이들은 '금수저' '은수저' '흙수저'로 부모의 경제적 능력을 구분한다. 나는 그것이 단순한 말장난이 아닌 젊은 그들이 소득과 자산 정도를 이미 정해진 운명의 하나로 여기기 때문이라고 생각한다. 부가 마치 타고난 재능인 것처럼 믿는 탓이다. 오늘보다 내일 내가 더 잘살 수 있다는 희망이 있다면, 또 그것이 얼마든지 가능하다면, 나의 부가 크게 자랑일 것도 나의 가난이 크게 상처일 것도 없지 않은가?

우리 세대가 젊었던 80년대와 90년대 초에는 설사 돈 많은 부모를 둔 운 좋은 친구를 봐도 크게 부러워하지 않았다. 나도 잘 살 수 있다는 희망이 있었기 때문이다. 90년대 초까지만 해도 지방 국립대를 졸업하고 대우, 금성, 현대, 삼성 등 주요 기업 열 군데에 취업원서를 내면 대여섯 곳에서 입사 합격 통지가 올 정도였다. 많은 청년이 좋은 일자리를 얻고 곧 내 집을 살 수 있고 풍요롭게, 아니 적어도 남부럽지 않게 내 아이들을 키울 수 있다고 믿었던 시절이다. 그리고 열심히만 살면 실제로 가능한 일이었다.

이유는 딱 하나다. 그때는 대한민국의 산업 규모가 나날이 커지고 하루가 다르게 경제가 발전해가는 고성장의 시대였기 때문이다.

청년들이 불공정에 분노하는 진짜 이유

2020년 6월, 이른바 '인국공 사건'이 있었다. 인천국제공항공사가 비정규직 1,900명을 직고용하는 형태로 정규직으로 전환한다고 발표하자 청년들이 집단 반발한 일이다. 공공부문 비정규직의 정규직화는 문재인 대통령의 대선 공약이기도 했다. 인국공의 발표 이후 청와대 홈페이지 게시판에는 "공기업 비정규직의 정규화를 멈춰주십시오."라는 국민청원이 올라왔고, 단 하루 만에 20만 명이 참여하기도 했다.

"결과의 평등만 평등이냐? 과정의 차이가 있는데 왜 인정하지 않느냐?"며 이미 정규직 채용 경로로 입사한 직원들의 불만도 있었지만, 가장 분노가 컸던 사람들은 인천국제공항공사에 취업을 준비하는 청년들이었다. "인국공에 입사하려고 몇 년째 공부하고 있는데, 누구는 알바하다가 정규직이 된다고?"라는 토로가 대표적이다. 더불어민주당 한 국회의원의 "조금 더 배우고 정규직이 됐다고 비정규직보다 임금을 두 배 받는 것이 오히려 불공정이다."라는 말에 잠시 논란이 커지기도 했다. 정부와 더불어민주당은 한동안 이 사안에 대해 국민에게 설명하고 화난 청년들을 진정시키기 위해 진땀을 빼야 했다.

인국공 정규직 전환에 대한 청년들의 분노는 겉으로는 공정에 대한 청년과 정부 간의 인식 차이에서 비롯된 것 같지만, 그 본질은 이 나라에 좋은 일자리가 귀하디귀하기 때문이다. 나는 그렇게 판단한다.

만약 청년들에게 인기 없는 회사였다면, 소위 변변치 않은 일자리였다면 어땠을까? 이렇게까지 불만과 반발이 컸을까?

공기업에 입사하는 것은 한국 청년들의 로망이다. '신의 직장'이라고 불리는 안정되고 급여 수준도 높은 일자리이기 때문이다. 한 조사에 의하면, 인천국제공항공사는 2021년까지 4년 연속 대학생과 취업준비생들이 가장 취업하고 싶은 공기업 1위다. 2020년 상반기 사무직 계열 채용 경쟁률이 204대 1이나 되는 곳이다.

공기업의 인기는 상상 초월이다. 그중에는 1,000대 1에 가까운 채용 경쟁률을 보인 곳도 있다. 기획재정부 공공기관 경영공시시스템(알리오)을 보면, 2020년 정부 산하 공공기관 정규직 행정직 가운데 경쟁률 500:1이 넘는 곳이 아홉 곳이나 되고, 한국조폐공사의 경우, 5급 일반직 두 명을 채용하는 자리에 약 2,000명의 청년이 몰려들었다.

지금 대한민국에는 좋은 일자리가 드물다. 심지어 코로나19로 인한 경제 여파로 기존 일자리마저 줄고 있다. 취업하기는 더욱 힘들어졌다. 통계청이 발표한 '2020년 연간 고용동향'에 따르면 2020년 취업자 수는 2,690만4천 명으로 2019년보다 21만8천 명 감소했다. IMF 외환위기인 1998년 이후 가장 많이 줄어든 결과다. 이것이 바로 '고용 절벽'이라는 말까지 나오는 이유다.

이렇듯 취업의 기회가 '하늘의 별 따기'인 상황에서 불공정 이슈는 그 정도가 아주 가볍다고 해도 청년들에게는 무척 크게 느껴질 수밖에 없다.

일자리를 '꿈자리'라고 한다. '내 일이 있어야 내일이 있다'는 말도 있다. 직업은 청년들에게 꿈 그 자체다. 노력과 재능이 아닌 다른 요인 때문에 꿈을 이루는데 불이익을 받거나 누군가 조금이라도 탈법적으로 혜택을 얻는다면 청년들이 상처받고 극렬히 저항하는 것은 당연하다. 2019년 조국 전 법무부 장관 자녀 특혜 의혹에 대한 청년의 분노도 나는 그런 맥락에서 해석한다. 더구나 더불어민주당과 문재인 정부는 보수 정당보다 더 공정하고 정의로운 세력이라는 기대 때문에 국민의 지지와 사랑을 받지 않았는가?

이에 대한 해법은 두 가지다. 더불어민주당 정부는 공정에 관한 감수성을 키우고 이에 대해 세심하게 접근하면서, 근본적으로는 담대한 계획과 과감한 투자로 양질의 일자리를 더 많이 만들어야 한다. 일자리의 핵심은 경제다. 경제를 키워야 한다. 경제성장의 열쇠는 산업에 있고, 산업 발전의 중심에 바로 '과학기술'이 있다.

02

포스트 코로나
한국경제 보고서

———————————————— 한국은 위기에 강하다. 1980년대 경제 위기는 3저 호황(저달러·저유가·저금리)을 이용해 중화학 산업 수출로 벗어났다. IMF 외환위기는 구조 조정을 통해 경쟁력을 키운 주력산업이 신흥국 특수를 십분 활용해 성공하면서 극복했다. 그러나 현 수준의 산업 경쟁력으로는 팬데믹이 걷히고 글로벌 경제가 좋아진다 해도 위기를 넘기 어렵다. 기존의 위기는 기존 산업 경쟁력만 키우면 충분히 극복 가능했지만, 지금은 새로운 기술을 이용한 신산업으로 승부를 봐야 한다.

팬데믹 이후 전통 강자의 쇠락

특단의 대책이 없다는 가정 아래, 한국경제의 미래를 전망해보자. 2020년 9월 국회 예산정책처가 내놓은 경제전망에 따르면 한국경제는 코로나19의 후유증에 시달리며 극심한 저성장 시대에 직면할 것으로 예상된다. (표6 참조) 보고서는 2020년~2024년 기간 중 실질 GDP 성장률을 이전 5년 대비 1.2% 하락한 1.6%로 전망하고 있다. 경제성장률 하락 추이가 지속하는 가운데 코로나19의 충격이 더해져 향후 5년간 성장률이 1%대에 그치는 전대미문의 위기가 도래할 것이라는 예측이다.

5년이면 저성장이 끝나고 경기가 살아날까? 전망은 어둡다. 〈2020년 OECD 한국경제 보고서〉에 따르면 한국의 2020년

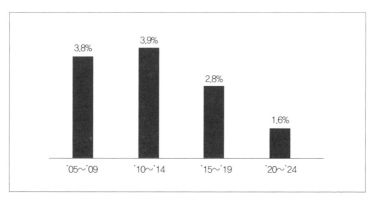

표6 중기 실질 GDP 성장률 변화 추이(자료 : 국회 예산정책처)

~2060년 평균 잠재성장률은 1.2%로 전망된다. 이는 2005년 ~2020년 평균 잠재성장률 3.0% 대비 크게 하락한 수준이다. 이 보고서는 "한국은 빠른 속도로 고령화가 진행되고 있으며, 급격한 인구 구조 변화에 따른 노동 공급 감소가 잠재성장률을 떨어뜨리고 재정에 부담으로 작용한다."고 평가했다. 고령화와 관련, 2060년 한국의 노년 부양비는 OECD 회원국 중 최고 수준인 80%를 초과할 것이라고 덧붙였다.

원인이 뭘까? 가장 큰 이유는 그동안 한국경제를 견인해온 제조업 생산능력의 지속적인 둔화다. 한국경제연구원의 '1990년 ~2019년 제조업 생산능력지수 분석'에 따르면, 국내 제조업 생산능력지수는 2017년 이후 2년 연속 감소했고, 5년 단위 제조업 생산능력지수 연평균 증가율은 역대 최저 수준을 기록 중이다. (2006

년~2010년 5.2% → 2011년~2015년 2.2% → 2016년~2019년 0.7%)

특히 한국의 10대 제조업 중 금속가공(-8.5%), 고무·플라스틱(-3.6%), 자동차·트레일러(-0.7%) 등 5개 업종의 생산능력이 하락하면서 고용의 직격탄을 맞았다. 이들은 국내 고용의 절반 이상을 차지할 만큼 고용기여도가 높은 업종이다. 생산능력지수 하락 폭이 가장 컸던 금속가공제품 업종(-8.5%)의 경우 해외 고용 비중이 급증하면서 일자리 해외유출도 심각해지고 있다. 코로나19로 세계 각국이 리쇼어링(Re-shoring) 정책을 경쟁적으로 추진하고 있다. 이대로 기업규제 개선이나 투자 인센티브 제공과 같은 적극적 정책이 없다면, 한국은 제조업 몰락으로 일자리 대란이 올 수도 있다.

철강, 조선, 석유화학, 자동차, 전자 등 기존 한국의 주력산업은 기본적으로 진입장벽이 낮기 때문에 시간이 흐를수록 불리해진다. 신흥국이 자원과 인력을 집중적으로 투입하면 얼마든지 추격이 가능한 분야다. 불행하게도, 이들 전통중공업 분야 세계 시장 점유율은 중국에 이미 추월당했다.

고령화 속도, 빨라도 너무 빠르다

한국 경제를 위기에 빠뜨릴 또 하나의 위험, 바로 '고령화'다. 고령화는 경제성장에 꼭 필요한 자본과 노동, 생산성을 모두 위축시켜 경제성장을 둔화시킨다. 우선 고령화 사회일수록 저축률이 낮아지고 세금 수입이 줄면서 투자할 자본도 함께 감소한다. 이런 상태에서 노인 복지 분야 지출이 점점 늘어나니 국가 재정은 건전성을 잃게 된다.

노동력은 어떤가? 15세~64세까지의 '생산가능인구'는 이미 2017년부터 감소하기 시작했다. 인구가 줄어서가 아니다. 한국의 총인구는 2030년까지 5,216만 명으로 늘어날 것으로 전망된다. (이후 꾸준히 줄어 2040년경 5,109만 명까지 감소 예상) 이에 비해 생산가능인구는 2017년부터 감소, 2030년대 말에는 3,000만 명 이하로 떨어지게 된다. 2040년 즈음에는 전체 인구 중 55.6%로 줄어들고, 2055년경에는 50.1%까지 감소한다. 이는 전 세계 201개국 중 꼴찌 수준이라고 한다.

더 심각한 문제는 한국 사회 고령화의 속도다. 한국은 지난 2000년 '고령화 사회'로 진입했고, 2017년에 '고령사회'에 들어섰다. 전체 인구 중 노인이 7% 이상이면 '고령화 사회', 14% 이상이면 '고령사회', 20% 이상일 때 '초고령사회'라고 정의하는데, 한국은 2025년에 고령사회에서 초고령사회로 진입할 것으로 보인다. 지난 2016년 예측했던 진입 시점(2026년)보다 1년 더 앞당겨졌다.

이 속도는 초고령사회의 대표국가인 일본보다 빠르다. 일본의 노인 인구 증가율은 연간 3.1%, 한국은 4.1%다. OECD 국가 평균 증가율 1.1~1.2%보다 네 배나 높다. 이 때문에 해외 선진국들이 평균 70년에 걸쳐 고령화 사회에서 초고령사회로 진입했던 것을 (프랑스 154년, 미국 72년, 캐나다 79년, 독일, 76년, 일본 36년) 한국은 25년 만에 돌파하게 됐다. 암담한 일이다.

빠른 고령화 속도와 더불어 한국의 합계출산율(여성 한 명이 가임기간 중 낳을 것으로 기대되는 평균 출생아 수) 또한 빠르게 줄고 있다. 1990년대 후반까지 한국은 1.7~1.8명의 합계출산율을 보였으나 2000년대 초반 들어 1.3명 이하의 '초저출산율' 수준으로 하락했다. 급기야 2018년에는 1명 이하(0.98명)로 떨어지더니, 2019년 0.92명, 2020년 0.84명까지 감소했다. OECD 37개 회원국 평균 합계출산율은 1.63명이다. 현재 한국은 OECD 국가 중 유일하게 합계출산율이 1.0명 이하인 국가다.

한국은 세계에서 가장 오랜 기간(약 19년) 초저출산 상태를 유지하고 있는 나라이기도 하다. 저출산이 심각했던 독일과 이탈리아도 12년을 끝으로 초저출산 상태에서 벗어났다. 우리는 언제쯤 이 위기에서 탈출할 수 있을까? 최근 코로나19 등의 영향으로 결혼이 줄었다는 뉴스를 접할 때면 가슴이 철렁 내려앉는다.

양극화의 심화, 호모 플루티아 사회로

양극화 문제는 이미 한국 사회의 만성 기저질환이다. 이념과 세대 간 양극화뿐 아니라 계층 간, 즉 경제적 양극화가 심하다. 잘사는 사람은 더 잘살고 상대적으로 못사는 사람은 더 못살게 느껴진다는 것이다. 경제적 양극화는 코로나19로 더욱 심화할 것이 자명하다.

한국의 소득 양극화 상황을 보자.

통계청의 2020년 4분기 가계동향조사에 따르면 소득 하위 20% 가구의 월평균 소득은 164만 원으로 2019년 같은 기간보다 1.7% 증가했다. 반면 소득 상위 20% 가구는 1,003만 원으로 2.7% 증가했다. 근로 소득만 살펴보면 하위 40%까지는 줄어들었는데, 상위 20%는 1.8% 늘었다.

자산 격차를 살펴보자.

부동산 가격 급등으로 주택이 있느냐 없느냐에 따라 자산 차이가 크게 벌어졌다. 국토연구원이 2020년 10월 발표한 〈자산 불평등에서 주택의 역할〉 보고서를 보면, 2019년 기준 순자산 상위 20%의 총자산 중위값은 12억7천만 원으로 하위 20%의 3,252만 원보다 39.1배나 높았다. 거주 주택만을 따져서 자산 격차를 살펴보면, 상위 20% 대 하위 20%의 총자산이 4.8억 원 대 614만 원으로 77.6배가 차이가 난다. 투자 목적을 포함한 부동산 자산 격차는 9.5억 원 대 935만 원이다. 100배가 넘는 차이다.

이는 교육 격차로 이어진다.

요즘 교육 현장에서는 중간층 성적대가 사라진다고 한다. 1등 아니면 꼴등이라는 것이다. 2020년 6월 수능 모의고사 결과를 봤다. 영어 과목에서 중위권(2~4등급) 비율이 44.8%로 전년도 수능 당시 비율인 56.6%에 비해 급락했고, 하위권(5등급 이하) 비율은 36.0%에서 46.5%로 급증했다. 국어·수학·영어 영역 90점 이상 학생 비율과 40점 미만 비율이 동시에 늘어나는 '중위권 축소 현상'이 명확했다.

왜 그럴까?

2021년 한국교육개발원이 내놓은 보고서 〈교육 분야 양극화 추이 분석〉을 보면, 소득 하위 20% 집단이 사교육비나 학업성취 등 교육 분야 핵심 지표에서 상위 20%에 속할 가능성이 지난 10년간 더 낮아졌다. 계층 이동 가능성 지수도 2010년 대비 2020년에 17.7%나 높게 나타났다. 지난 10년간 교육 양극화가 더 심해진 것이다.

혹자는 한국이 호모 플루티아(Homo Ploutia) 사회가 되었다고 개탄한다. 호모 플루티아는 부의 독점이 만든 새로운 권력으로, 불평등 분야 전문가인 뉴욕시립대 교수 브랑코 밀라노비치가 《홀로 선 자본주의(Capitalism, Alone)》라는 저서에서 주창한 개념이다 (homo는 '동일하다', ploutia는 '부'를 뜻한다. 같은 계층에 자본소득과 노동소득이 집중되고 있음을 말한다). 한국이 호모 플루티아 사회라면 부를 장악한 소수가 교육 등을 통해 부를 대물림함으로써 개천에서 용 나는 계층의 사다리를 없애버렸음을 의미한다.

3만 달러의 늪에 빠진 수축사회

한국이 위기를 극복하지 못하면, '3만 달러의 늪'에 빠져 중진국, 2류 국가에 머무를 수밖에 없다. 2020년 1인당 국민총소득(GNI)은 31,755달러로 전년(32,115달러) 대비 1.1% 감소해 2년 연속 뒷걸음질했다. 2020년 실질 국내총생산(GDP)도 2년 연속 감소했다. 한국의 GNI가 2년 연속 감소한 것은 2008년 글로벌 금융위기 이후 처음이고, GDP가 마이너스가 된 것도 IMF 외환위기 이후 처음이다.

이는 수축사회의 징후이다. 수축사회란 홍성국의 저서 《수축사회》에서 사용한 용어로 말 그대로 더는 팽창·성장할 수 없는 사회를 의미한다. 사람들이 나눠 먹을 수 있는 절대 파이가 줄어들고 양극화가 심해진다. 전문가들은 한국뿐 아니라 전 세계가 수축사회에 빠질 것이라고 진단한다. IMF와 UN도 코로나19 팬데믹이 경제적 양극화를 더욱 심화시킬 가능성이 크다고 우려했다.

양극화는 비단 우리만의 문제가 아니다. 1980년대 이후부터 최근까지 한국 등 주요국 소득 불평등이 지속해서 커지고 있다. (표7 참조) 소득 상위 1%의 소득점유율을 보면, 미국의 경우 1980년에 11.2%였던 것이 2019년 20.5%로 늘었다. 독일은 1980년 10.2%였다가 2017년 12.5%로 늘어났다.

수축사회에서는 모든 영역에서 이기주의가 극심해진다. 자국 이

표7 소득 상위 1% 계층의 소득 점유율(%/연도)

미국	11.2(1980)	14.8(1990)	18.4(2000)	19.9(2010)	20.5(2019)
독일	10.2(1980)	11.2(1990)	10.8(2000)	12.0(2010)	12.5(2017)
한국	7.4(1980)	8.3(1990)	11.7(2000)	12.2(2016)	

기주의를 포함해 종교별, 산업별, 기업별, 이념별 등 모든 영역이 이기주의 전장이 되고 마이너스 섬 게임 상황이 굳어진다. 양극화가 심해지고 도시에 모든 것이 집중된다. 경쟁과 투쟁이 격화되어 모든 영역에서 미래를 이야기할 여유가 없다. 수축사회에 접어들면 생존만이 유일한 이데올로기가 되기 때문이다.

여기에 4차 산업혁명은 과학기술을 보유한 일부 기업, 사람, 국가에 부를 집중시킬 것이다. 이른바 뷰카(VUCA : 변동성_Volatility, 불확실성_Uncertainty, 복잡성_Complexity, 모호성_Ambiguity)가 확대되는 것이다.

수축사회에서는 정치도 실종된다. 정치가 이기주의에 편승하게 되기 때문이다. 유럽 등 다른 정권이 보수화되는 것도 이런 맥락이다. 갈등 조정이라는 정치 본연의 기능이 상실되고 정부도 힘을 잃는다. 과거처럼 양적 투입을 통한 고도성장 방식이 통하지 않기 때문에 정부 정책의 폭이 줄어들게 된다. 경제가 지속해서 위축되면 전 세계의 사회 시스템이 붕괴하고 만다.

기술, 기술 그리고 기술

한국은 위기에 강하다. 1980년대 경제 위기는 3저 호황(저달러·저유가·저금리)을 이용해 중화학 산업 수출로 벗어났다. IMF 외환위기는 구조조정을 통해 경쟁력을 키운 주력산업이 신흥국 특수를 십분 활용해 성공하면서 극복했다.

그러나 현 수준의 산업 경쟁력으로는 팬데믹이 걷히고 글로벌 경제가 좋아진다 해도 위기를 넘기 어렵다. 기존의 위기는 기존 산업 경쟁력만 키우면 충분히 극복 가능했지만, 지금은 새로운 기술을 이용한 신산업으로 승부를 봐야 한다.

그러나 한국은 LNG운반선 분야를 제외하면 7대 주요 신산업 분야 가운데 미·중·일 대비 경쟁력이 높은 부문이 없다. '전국경제인연합회'의 국내외 전문가 조사 결과(2021년 2월)에 따르면 한국 7대 신산업(전기차/수소차, LNG선, 산업용 로봇, 무인항공기, 태양전지, 탄소섬유, 차세대 반도체) 중 앞으로 5년 뒤에 1위를 할 수 있는 산업 개수는 중국이 3개, 미국이 2개, 한국과 일본은 1개씩이다.

신산업이 성장하기 좋은 환경도 아니다. 한국은 신산업 창업 용이성, 정부 지원, 안정적 법적 기반 등 제도 및 인프라 분야와 연구개발 투자 경쟁력이 경쟁국보다 모두 약하다. 특히 전문인력 확보의 경우, 미국(134.5)과 일본(106.4) 대비 크게 부족하다. (한국을 100으로 계산)

표8 주요국의 4차 산업혁명 대응과 미래 유망산업

	미국	중국	독일	일본
주요정책	- 신 혁신전략('15) - AI 자동화 경제('16)	- 제조 2025('15) - 14.5 계획('21)	- 인더스트리 4.0 ('13) - 플랫폼 인더스트리('15)	- 신산업 비전: Society 5.0 ('17)
정책목표	- AI 경쟁력 강화 - 혁신 리더 유지 - 사회적 혜택 강화	- 제조 강국 건설 - 첨단기술 확보	- 제조업 스마트화 - 전 산업 혁신	- 초연결로 부가가치 창출 - 사회문제 해결
주요미래유망산업	- 첨단 제조업 - 정밀의학 - 뇌 신경 - 자율자동차 - 우주산업 - 스마트 시티 - 에너지 효율화 - 뉴 컴퓨팅 - 교육기술 등	- 신소재 - 중대 기술 장비 - 스마트 제조 - 로봇 기술 - 항공기 엔진 - 위성산업 - 신에너지 차량 - 의료장비, 신약 - 농업 기계	- 스마트 팩토리 (첨단 제조) - 지능형 에너지 신산업 - 스마트 모빌리티 - 디지털 챔피언 (히든 챔피언의 디지털화)	- 스마트 모빌리티 - 스마트 공급망 - 스마트 소재 - 건강/의료/간병 (간호 로봇 등) - 스마트 생활 (핀테크, 공유경제 등)

한국은 2021년 5월 'K-반도체 2030'을 통해 7개 주요 신산업 중 차세대 반도체에 관한 구체적인 전략을 세웠다. 그러나 아직은 부족하다. 다른 신산업을 위한 전략도 하루빨리 마련해야 한다. 지체할 시간이 없다. 2021년 미중 반도체 경쟁이 없었다면 차세대 반도체 산업 육성 전략도 차일피일 미뤄졌을지 모른다.

우리의 경쟁국들은 기술 변방으로 밀려나지 않으려 치열하게 노력하고 있다. 미국의 '신 혁신전략', 중국의 '제조 2025', 독일의 '인더스트리 4.0', 일본의 'Society 5.0'이 대표적이다. 이들 국가는 미래 유망산업을 육성하기 위해 국가 정책을 경쟁적으로 추진하고 있다. (표8 참조) 데이터 기술이 산업 전반의 변화를 촉발하는 4차 산업혁명을 주도하기 위해 AI, 사물인터넷, 빅데이터 등 첨단기술을 둘러싼 경쟁도 치열하다.

신산업 육성과 더불어 각국은 자국 산업의 기반이 되는 핵심 기술의 자립 및 안정적 공급망 구축을 추진하고 있다. 과거 글로벌 분업 체제에서는 각국이 경쟁력 있는 분야에만 집중하면 됐지만, 현재는 전후방 산업의 기술 경쟁력도 확보할 필요성이 커졌다. 2019년 일본이 불화수소 등 반도체 소재의 한국 수출을 규제함에 따라 우리 스스로 대일 의존도가 높은 핵심 소재의 국산화 및 공급선 다변화를 꾀한 것이 대표적인 예다.

미국은 핵심 부품의 아시아 의존도를 낮추기 위해 반도체, 전기차 배터리 등의 미국 내 생산을 유도하고 있다. 중국은 미국의 규제 등으로 반도체 자립의 성과가 미진한 상황이지만, 돌파구 마련을 위해 시간과 자금을 아낌없이 투입하고 있다. EU 역시 2025년까지 전기차 배터리 자체 생산량을 확대할 계획이며, 2030년까지 세계 반도체 시장 점유율을 2배 이상 확대할 방침이다.

한국도 그래야 한다. 핵심 산업 기술을 지키고 키우면서 신산업을 위한 과학기술 혁신에 매진해야 한다. 기술력만이 오직 우리의 살길이다.

03

과학기술을 아는
리더십

──────────────────── 경제는 경세제민(經世濟民)의 준말이다. 세상을 다스려 국민을 편안케 하는 것, 바로 정치의 본령이다. 경제는 비단 돈을 버는 일을 넘어 일자리, 결혼, 출산, 육아, 노후, 미래가 다 포함된다. 그래서 정치는 경제다. 경제는 기술이다. 이제 정치권의 가장 앞자리에 기술계, 산업계, 과학계 인재들이 서야 할 때가 왔다. 바야흐로 정치와 국제정세, 미래기술을 접목할 수 있는 테크노폴리틱스(Techno-Politics)'의 시대가 도래한 것이다.

과학기술이 복지고 과학기술이 공정이다

'평생 휠체어에 앉아 생활하던 장애인이 벌떡 일어서서 두 다리로 걷는다.'

사이비 종교 행사에나 등장할 법한 이 장면은 결코 허황한 얘기가 아니다. 신의 영역일 것만 같았던 이러한 기적이 인간의 능력으로도 얼마든지 가능해졌다. 첨단의 기술이 이미 마련되어 있기 때문이다.

2020년 한국에서 열린 국제재활로봇올림픽 '사이배슬론 2020'에서 KAIST의 공경철 교수가 착용로봇 기술로 금메달을 차지했다. 그는 23살 때 뺑소니 교통사고로 하반신 마비에 이른 지체장애 1급 김병욱 씨를 20년 만에 벌떡 일어나 걷게 했다.

KAIST 공경철 교수(좌)와 김병욱 씨(조선일보 2020년 12월 5일 기사 중)

그날 김 씨는 공 교수가 개발한 '워크온 슈트4'를 입고 '착용형 외골격 로봇' 종목에 출전해 계단 오르내리기, 지그재그 걷기 등 6가지 미션을 3분 47초 만에 완수했다. 기술이 장애인에게 가장 절실한 이동권을 완벽하게 보장한 사례다.

얼마 전 뉴스에는 AI 스피커가 독거노인의 목숨을 살린 이야기가 나왔다. 호흡곤란으로 쓰러진 80대 할아버지가 가까스로 "살려줘."라고 외치자 이 말을 감지한 AI 스피커가 보안업체에 알려 119 구급대가 즉시 출동해 할아버지를 구조해낸 것이다. AI 스피커는 위급 상황뿐만 아니라 평상시에도 독거노인의 말벗이 되어주며 노인 복지의 첨병으로 활약하고 있다.

손목에 차는 스마트워치가 착용자의 건강 상태나 사고 여부를 파악해 자칫 큰 위험에 처할 뻔했던 사용자를 구해낸 뉴스는 이제 흔하다. 드론이 공중을 날면서 실시간으로 화재 사고 현장을 화면으로 보여주고 영상과 열 감지 기술이 탑재된 카메라를 착용한 소방관이 화마에 갇힌 사람을 구조하는 경우도 더이상 공상과학 영화 속 내용이 아니다.

기술은 장애인과 비장애인을 차별하지 않는다. 부자와 가난한 자를 구별하지도 않는다. 만약 개인 컴퓨터와 인터넷이 가능한 장치를 모든 아이들에게 무료로 나눠주고 온라인 강의를 제공한다면, 장애 여부나 소득 격차와 상관없이 거의 동등한 학습권을 갖게 된다. 활동이 제한된 코로나19 팬데믹 시대, 똑같이 방안에 앉아 인터넷으로 해외 언론을 접할 수 있고, 세계적 석학의 강의를 들을 수 있다. 최신의 자동 번역 기술은 영상 속 외국어를 한국어로 빠르게 바꿔준다. 정보 격차가 점점 사라지는 것이다. 기술이야말로 '진보'이고 '평등'이지 않은가?

최근 패스트푸드 매장과 식당뿐 아니라 많은 카페와 독서실에 비치된 키오스크(무인 정보 단말기) 기술은 주문과 안내 등에 투입될 인력을 대체함으로써 자영업 점포에서 최소한 한 명의 인건비를 줄이는 경제 효과를 낸다. 만약 이 기계를 정부가 전국 소상공인에게 나눠줄 수 있다면 매우 크고 장기적인 경제 지원책이 될 것이다.

기술은 사람 사이의 혼란과 갈등을 없애기도 한다. 은행 창구마다 비치된 대기번호표 발급 기술이 대표적 예다. 10만 원도 안 되는 그 기계가 얼마나 많은 혼란과 불편을 줄였는지 생각해보라. 대기번호표가 없던 예전에는 고객이 직접 창구마다 줄을 서야 했다. 한 줄 서기 문화가 등장하기 전까지는 창구마다 업무 처리 속도가 달라 일찍 와서 대기하고도 오래 기다린 손님이 항의하고 직원과 다투는 일도 잦았다. 누군가 새치기라도 하면 고객끼리 말다툼이 나고 '열혈남아'들끼리는 심지어 육박전도 치렀다.

대기번호표라는 기술은 모두에게 공정하다. 창구의 직원이 편법을 용인하지만 않는다면, 번호표를 뽑은 사람 누구나 앉아 기다리기만 하면 제 차례가 온다. 대기 예상 시간을 알려주니 화장실에 가서 급한 볼일을 볼 수도 있고, 인근 가게에 가서 좋아하는 커피를 한 잔 사 올 수도 있다. 예전에는 개인 용무로 줄을 이탈하게 되면 앞사람이나 뒷사람에게 자리를 부탁해야 했다. 불행하게도 변비가 있는 사람이라면 장시간 용변을 본 후 돌아와 부탁했던 사람이 떠난 줄 끝에 꼼짝없이 다시 서야 했다.

고작 한두 개 반도체가 들어간 간단한 기술 하나로, 은행 창구라는 공간이 얼마나 공정하고 민주적이고 안정적이고 효율적으로 바뀌었는지 생각해보면 감탄이 절로 나온다. 국회의원 한 사람, 판사 한 명이 그 안에 있다 해도 못 할 일이다. 은행이라는 공간을 사회 전체로 넓혀보면 기술이 공정과 정의, 갈등 중재와 국민화합에 기여할 방법은 얼마든지 있다. 기술이 정치를 이길 수 있다.

시진핑과 메르켈의 공통점

중국의 시진핑 주석은 과학기술의 신봉자다. 대표적 과학기술 정책이 '우주 굴기'다. 혹자는 중국이 모든 과학기술의 영역에 '굴기'를 가져다 붙여 의지와 위용을 과장한다고 말한다. 그러나 중국이 '굴기 비전'을 발표할 때마다 다른 나라가 심각하고 두렵게 받아들이는 것은, 중국이 단순한 구호에 그치지 않고 실제 실행하고 이뤄내기 때문이다.

2003년 중국은 최초의 유인 우주선 '선저우(神舟) 5호', 2007년에는 첫 번째 달 탐사위성 '창어(嫦娥) 1호' 발사에 성공했다. 2020년에는 인류 최초로 달 뒷면에 '창어 4호'를 착륙시키더니 2021년 5월에는 드디어 첫 화성 무인 탐사선인 '톈원(天問) 1호'를 화성에 착륙시켰다. 기술인으로서 중국의 과학기술적 성취가 부럽기도 하지만 우주 정복의 꿈을 꾸고 국력을 집중시킬 수 있는 리더십 또한 부럽다.

중국은 우주 굴기뿐만 아니라 반도체 굴기, 블록체인 굴기 등 미래 핵심 기술과 관련된 모든 분야에서 세계 1위를 목표로 담대한 도전을 이어가고 있다. 중국이 기술 굴기에 천착하는 것은 시진핑 주석이 국정 운영의 최우선 목표를 '과학기술'에 두고 있기 때문이다.

시진핑 주석이 과학기술에 관심이 많은 것은 그가 역사관, 세계

관을 형성할 젊은 시절, 과학(칭화대 화학과)을 전공한 공학도였던 것과 무관하지 않다. 시진핑이 과학기술 인재 양성에 집중하는 것도 이런 맥락이다.

사실상 EU를 이끄는 독일의 메르켈 총리도 공학도였다. 라이프치히대학교에서 물리학 박사까지 받았다. 2005년부터 4선 연임으로 독일 총리를 맡은 그는 2010년경부터 4차 산업혁명 관련 정책을 최우선 과제로 삼아 추진했다. '인더스트리 4.0'으로 대표되는 메르켈의 전략은 혁신적 비즈니스 모델을 갖춘 인터넷 기업과 기술, 산업을 육성시켜 제조업 강국 독일의 위상을 이어가겠다는 것이다.

독일은 현재 '스마트 팩토리'와 '디지털 혁신'을 선도하는 나라로 평가받는다. 지멘스, 보쉬, SAP 등의 기업은 디지털 관련 세계적 기업으로 도약했고, 브레인랩, 에네르콘 등 작지만 강한 '히든챔피언'들이 굳건하게 경제의 허리를 뒷받침하고 있다. 그 결과 (코로나19로 다소 악화하는 경향이 있으나) 경제성장률 3%대를 유지하고 있으며 2000년대에 20%가 넘었던 실업률은 차츰 감소해 2015년경부터 사실상 완전고용상태에 도달했다.

우리나라도 기술을 잘 아는 리더십이 필요하다. 미래기술을 이해하고 활용할 수 있는 정치인이 더 많아져야 한다. 특히 국회에 더 많은 엔지니어와 산업계 출신 국회의원이 필요하다. 많은 국회의원이 각종 경제·산업·기술 정책을 논하지만, 제대로 이해하는 사람은 많지 않아 보인다.

이는 어쩌면 당연하다. 나 역시 기술과 경제가 아닌 다른 분야에 이슈가 생겼을 때 밤을 새워가며 공부해서 토론에 참여하지만, 해당 분야를 전공하고 경험한 의원들이 보여주는 지식과 통찰을 쉽게 따라가기 힘들다. 반도체나 기술 관련 뉴스가 등장하면 여러 동료 의원들이 나에게 전화해서 묻는 이유도 마찬가지일 것이다.

21대 국회의원들 모두 역량이 출중하다. 각 분야에서 일가를 이룬 사람들이고 애국심도 투철하다. 여러 의원들의 식견과 전문성에 감탄할 때가 한두 번이 아니다. 그러나 가끔 국회에 나와 같은 반도체 산업 출신 의원이 한 명만 더 있다면 얼마나 좋을까, 아쉬울 때가 있다. 전공과 전직이 같은 의원들끼리 상시 소통하며 해당 분야에 대해 심도 있는 토론을 하는 것을 보면 부러운 마음이 드는 게 사실이다.

엔지니어·창업자·CEO의 1인 3역

국내외 기업 CEO 중에도 공학도, 엔지니어가 많다. 시간이 갈수록 점점 더 늘어가는 추세다. 물리적 성장이 중요했던 90년대까지는 '숫자'와 '관리'에 밝은 상경계 출신이 '재무'와 '인사' 부문에 능력을 발휘하며 기업의 CEO로 성장했다.

그러나 2000년대 이후에는 '과학기술'에 대한 이해와 판단을 바탕으로 이를 사업화할 수 있는 능력이 있는 이공계 출신이 경영을 맡는 경우가 늘어났다. 카카오 김범수 의장(서울대 산업공학), 엔씨소프트 김택진 대표이사(서울대 전자공학), 셀트리온 서정진 회장(건국대 산업공학) 등이 대표적이다.

한국의 100대 기업 CEO 비중을 보자. 상경계 출신은 2001년 60.6%에서 2020년 51.6%로 줄었고, 이공계 출신은 2001년 35.6%에서 2020년 41.1%로 늘었다. 최근 들어 IT·바이오 분야의 기술자가 대거 창업에 나서면서 이러한 이공계 CEO는 더욱 많아질 것으로 보인다.

특히 미국과 중국의 IT·기술 기업의 경우, 엔지니어가 창립자이자 CEO로서 기술뿐 아니라 사업적 의사결정을 주도하고 있다. 테슬라의 창업자이자 CEO인 일론 머스크도 메르켈 총리와 같은 물리학 전공자다. (표9 참조)

미국의 경우, 우리나라보다 과학기술자를 우대하는 문화가 있다. 자국의 과학기술 수준에 대한 높은 자부심이 있기 때문이다. 영화 〈어벤져스〉의 주인공 아이언맨(토니 스타크)이 MIT 물리학과 출신이라는 설정은 우연이 아니다.

이런 분위기 속에서 능력 있는 인재가 이공계로 진학해 엔지니어가 되고, 이들이 세계 IT 업계를 상징하는 GAFA(Google·Apple·Facebook·Amazon)와 전기차 대표주자 테슬라 등 굴지의 기업을 창업했다. 축구로 따지면, 유소년 축구가 발달한 브라질이 세계 1위

표9 미국 주요 신생 기업 창업자와 출신 학교

기업명	창업자	출신 학교
구글	세르게이 빈 래리 페이지	메릴랜드대 컴퓨터과학 미시간대 컴퓨터공학
아마존	제프 베조스	프린스턴대 전기공학/컴퓨터과학
페이스북	마크 저커버그	하버드대 컴퓨터과학(중퇴)
테슬라	일론 머스크	펜실베이니아대 물리학/경제학

의 전력과 기술을 가진 축구팀을 보유할 수 있는 것과 같은 이치다.

중국의 사정도 비슷하다. 이공계 출신 기술자가 IT 기업의 창업자이자 CEO인 경우가 많다. 텐센트 창업자 마화텅은 선전대에서 컴퓨터과학을 전공했고, 바이두의 창업자 리옌훙은 베이징대에서 전자계산학을 공부했다. 이들 공학도 출신 CEO들은 기술에 대한 깊은 이해를 바탕으로 해외의 선진 서비스를 빠르게 모방하고, 때로는 모방한 회사를 능가하는 서비스를 선보이며 자신의 기업을 키워가고 있다.

국회에 엔지니어가 없다

"국회에는 기술을 이해하는 분들이 별로 없습니다."

내 주변의 기술인, 산업인, 과학자들을 만나면 자주 듣는 말이다. 왜 그럴까? 우선 국회에는 엔지니어 출신이 없다. 미래기술에 천착하는 동료 의원도 보이지 않는다. 물론 교육, 복지, 외교, 국방, 노동, 환경, 문화, 체육, 방송 등 사회 모든 분야의 정책이 하나같이 다 중요하다. 그러나 정치권 모두 한목소리로 반도체가 국가 기간산업이라고 말하면서도 국회나 당에 반도체 전문가를 불러들이지 않는다. 아니 그들이 정치로 오지 않는다. 그나마 유일한 엔지니어인 나도 2016년 당시 문재인 당 대표의 적극적인 영입이 아니었다면 정치권으로 오지 않았을 것이다.

21대 국회에서 이공계 출신자 비중은 전체 300명 의원 중 46명에 그친다. 이중 토목공학 전공자가 4명, 약학 전공자가 4명, 건축공학·물리학 전공자가 각각 3명, 간호학·건축학·산업공학·수학·의학·지리학·화학공학·화학·환경공학 전공자가 각각 2명이다. (표10 참조)

국회 내 소수집단인 이공계 출신은 재선 비율도 높지 않다. 21대 국회에서 재선에 성공한 이공계 출신은 더불어민주당 우원식(토목공학)·조정식(건축공학)·한정애(환경공학)·황희(도시공학) 의원과 국민의힘 김성원(토목환경공학)·성일종(환경공학)·조경태(토목공학)·하태경(물리학) 의원 등 8명에 불과하다. 이공계 출신 국회의원은 대부분 초선 때 활용도가 끝난다고 해도 과언이 아니다.

이공계와 기술인은 행정부에 진입하기도 쉽지 않다. 행정고시를

표10 21대 국회의원 출신 직업 현황

직업군	의원 수(명)	비율(%)
정치(정당, 국회)인	62	20.6%
공무원	46	15.3%
법조인	47	15.6%
언론인	27	9.0%
기업인	26	8.6%
예술인	5	1.7%
과학기술인	4	1.3%
교육인	23	7.7%
금융인	3	1.0%
의사	3	1.0%
약사	4	1.3%
회계사	2	0.7%
체육인	2	0.7%
노동운동가	17	5.7%
환경운동가	1	0.3%
시민운동가	14	4.7%
여성운동가	2	0.7%
군인	5	1.7%
연구인	2	0.7%
기타	5	1.7%
합계	300	100.0%

통해 행정부에 진출하는 이공계 출신 인사는 인문사회계 대비 약 30% 수준에 불과하다. 2020년 5급 공무원 행정직 선발 인원 249명 중 기술직 선발 인원은 71명이다. 이들이 정부 부처에서 성장한다고 해도 미래에 핵심 의사결정자가 되는 경우는 드물다. 장·차관 등 행정부의 리더는 대부분 행정직 출신 관료와 정치인이 차지하기 때문이다.

"당(국회)에 법률가와 행정가가 너무 많습니다."

당직이나 국회의원 선거에 출마하는 소수 직업군 출신 후보들이 자주 하는 말이다. 법률가와 행정가가 국회를 과하게 대표하고 있으니 해당 분야의 목소리를 대변하기 위해서는 본인이 국회나 당에 포함되거나 이끌어야 한다는 말이다. 선거용으로 하는 말 같지만, 그들에게는 진실한 절규다.

실제로 변호사·검사·판사 등 법조인 출신 국회의원은 47명이고, 행시·외시 등을 거친 공무원은 46명이다. 국회와 청와대의 보좌·비서진, 정당과 기초의원 등 정치계 출신도 62명이나 된다. 과학기술인은 네 명뿐이다. (표10 참조) 300명 국회의원 중 법학 전공자가 54명으로 가장 많고, 행정학 전공자가 22명으로 뒤를 잇는다. 어쩌면 당연한 결과다. 국회의원이 장래 희망인 학생(있는지는 모르겠지만)이 컴퓨터공학이나 물리학을 전공하는 경우는 거의 없을 것이다. 정치인이 되고자 한다면 그 학생과 부모는 보통 정치외교학과나 법학과, 행정학과 등에 진학해야 한다고 생각할 테니 말이다.

이런 편중이 22대 국회에서는 개선될 수 있을까? 22대 총선에서 각 정당이 국회의원 후보를 고를 때, 파격적인 규모로 기술계와 산업계 출신들을 영입하고 공천할 수 있을까? 기대하기 어렵다. 기껏해야 한두 명을 구색 맞추기용 비례대표 후보에 끼워 넣는 정도일 것이다. 그렇게 국회에 들어온 그들은 재선에 실패하고 소리소문없이 사라질 것이다.

나는 2016년 당 지도부의 비례대표 제안을 거부하고 기어이 지역구로 출마했다. 당시로서는 당선 가능성도 희박한 지역이었다. 내가 왜 정치를 하는가를 생각하며 당장의 승리가 아니라 정치에서 나의 쓰임이 무엇인지 멀리 보고 고민했다. 혹여 선거에 지더라도 그것이 정치인으로서 한발 나아가는 길이라고 여겼다. 이왕 정치에 들어왔으면 일회성 비례대표가 아닌 기술인 출신 정치지도자가 되어야겠다고 생각했기 때문이다. 이력서에 한줄 넣는 국회의원 자리를 생각했다면 정치권에 들어오지도 않았다.

그동안 국회와 정당은 법률가, 행정가, 민주화 운동가, 시민운동가, 언론인 등이 이끌어왔다. 그러나 21번째 국회를 맞이한 지금 대한민국의 정치가 나아졌다고 생각하는 사람은 드물다. 이제 세대교체를 넘어 세력교체가 필요한 시기가 되었다.

경제는 경세제민(經世濟民)의 준말이다. 세상을 다스려 국민을 편안케 하는 것, 바로 정치의 본령이다. 경제는 비단 돈을 버는 일을 넘어 일자리, 결혼, 출산, 육아, 노후, 미래가 다 포함된다. 그래서 정치는 경제다. 경제는 기술이다.

이제 정치권의 가장 앞자리에 기술계, 산업계, 과학계 인재들이 서야 할 때가 왔다. 바야흐로 정치와 국제정세, 미래기술을 접목할 수 있는 '테크노폴리틱스(Techno-Politics)'의 시대가 도래한 것이다.

정치 과잉 시대의 부작용

영화와 소설에서 위기에 빠진 지구를 구하는 사람은 대부분 과학자나 엔지니어로 묘사된다. 크리스토퍼 놀란 감독의 영화 〈인터스텔라〉에서 기후변화와 식량부족으로 종말이 가까워진 지구를 구한 영웅 '쿠퍼'는 엔지니어 출신의 우주비행사. 이에 반해 정치인으로 등장하는 배역은 대부분 악당이나 골칫덩어리로 그려진다. 그들은 지구가 멸망하는 절체절명의 순간에도 정치적 계산이나 당파적 이익 때문에 문제를 해결하기보다 문제를 일으키는 역할을 한다. 〈인터스텔라〉의 핵심 주제이자 영화 포스터에 적힌 "늘 그랬듯이 우리는 답을 찾을 것이다."라는 문구는 적어도 정치 분야에 해당하는 기대는 아니었다. 우리 정치는 어떤가? 사회 문제를 해결하고 해답을 찾고 있는가?

"정치가 살아있다."

이 말은 정치권의 여당과 야당 간에 대화와 협상이 존재하고, 정치 영역에서 사회적 문제들이 꾸준히 해결되고 있음을 의미한다. '정치는 세상의 모든 갈등이 소멸하는 곳'이라는 말이 있다. 그러나 한국의 정치, 특히 국회는 대한민국의 모든 갈등과 문제가 속속 도착해 눈

녹듯 사라지는 곳이 아니라 없던 갈등이 새롭게 자라나는 곳이다.

우리 정치는 모든 문제를 보수적·진보적으로 나누거나 지지자들의 여론에 따라 찬반을 나눠 답을 정하고 상대방에게 수용과 굴종을 강요한다. 받아들이는 쪽은 '패배자'가 되고 반대쪽은 '승리자'가 된다. 만약 상대가 수용하지 않으면 설득하기보다 비난하며 지지층의 결집을 노린다. 나라의 미래를 위해 필요하다고 믿는 일도 지지자가 반대하면 설득을 포기하고 그냥 없던 일이 되는 경우가 다반사다. 당을 위해 반드시 해야 할 쓴소리도 지지자들의 비난이 두려워 밖으로 꺼내지 않는다.

정치권이 갈등을 끝내지 못하고 오히려 만들다 보니 국민들도 편을 나누어 싸우고 서로를 미워한다. 문제가 생기면 토론하기보다는 여·야, 진보와 보수로 나뉘어 서로를 비난하고 다투기 바쁘

다. 일부 언론과 유튜버 등 일인 미디어는 가짜뉴스도 서슴지 않으며 이런 갈등을 부추긴다. 정치권은 다시 이를 활용해 정치 쟁점화시킨다. 결국, 국민은 이념으로 편이 갈리고, 세대로 편이 나뉘고, 지역으로 편이 갈리고, 계층으로 편이 나뉜다. 정치는 점점 확산해 정치적이면 안 되는 사회 분야에까지 '정치'가 만연하다. 사법부도 정치를 하고, 학자와 지식인도 정치를 하고, 언론도 정치를 한다.

모두가 알듯이 국민에게 가장 절박한 것은 경제다. 먹고 사는 문제다. 정치권이 상대 세력을 이기려는 에너지의 반만 경제 문제에 쏟아도 우리의 기술력과 산업이 크게 성장할 것이다. 이제라도 정치가 현실감각을 되찾아야 한다. 내가 어떻게 이기느냐를 고민하기보다 국민의 삶을 어떻게 바꿀 수 있는지, 즉 '정치의 효능감'을 국민에게 보여줘야 할 때다. 2021년 '4.7 보궐선거'에서 국민이 더불어민주당을 심판한 것은 이와 같은 '정치 실종 상태'에 대한 책임을 더이상 야당에만 묻지 않겠다는 뜻이기도 하다.

우리가 찾는 해답은 어쩌면 지금의 정치에는 없을지 모른다. 문제는 경제고 이 시대 경제는 과학과 기술력에 의해 좌우된다. 과학기술에는 이념이 없다. 진보와 보수로 나뉘지 않는다. 더불어민주당에 불리한 과학이 없고, 국민의힘에 불리한 기술도 없다. 효율적·생산적·미래적인 과학기술만 있을 뿐이다.

"늘 그랬듯이 우리는 답을 찾을 것이다."

영화 속 대사의 주체인 '우리'는 바로 '과학기술'이다.

04

부민강국의 길,
과학기술에 있다

——————————————— 다음 정권의 임무는 분명하다. 미래로 건너가는 더 큰 도약, 부민강국을 위한 경제 성장을 이뤄야 한다. 대한민국을 중진국에서 선진국으로, 추격국가에서 선도국가로 우리 경제를 키울 수 있는 담대하고 위대한 도전을 시작해야 한다.

대한민국을 누구에게 맡길 것인가

대통령 선거는 한 나라의 과거를 돌아보고 미래를 선택할 수 있는 가장 확실한 기회다. 이전 방향대로 계속 추진할 것인지, 방향이나 속도나 우선순위를 조정할 것인지, 아예 집권세력을 바꿀 것인지 등을 결정하는 시간이다. 5년마다 치르는 대선은 국가의 미래와 국민의 삶에 커다란 영향을 미친다. 그러나 안타깝게도 국민의 상당수는 5년 보증기간이 끝난 자동차를 바꾸는 일만큼도 관심을 두지 않는 것 같다.

대선은 미래를 '선택'하는 국가적 행사다. 여야는 국민의 선택을 받기 위해 각자에게 유리한 프레임을 내세워 유권자에게 질문을 던진다. 여당의 프레임은 보통 연속성과 안정론에 무게를 둔다. 그래서 여당은 "대한민국의 안정을 포기할 것인가?" "잘하고 있는 현 집권세력을 끌어내릴 것인가?"라고 국민에게 묻는다. 성공적인 현재의 기조를 안정적으로 유지해야 한다는 주장이다. 반대로 야당의 프레임은 심판론과 새로움(변화)에 초점을 맞춘다. "지난 5년 동안 실패했는데, 또다시 맡길 것인가?" "변화를 포기하고 이대로 멈춰있을 것인가?"라고 묻는다. 실패한 세력을 교체하고 새로운 대한민국을 만들어야 한다는 주장이다. 여당은 "야당에는 수권(受權) 능력이 없다."라고 외치고, 야당은 "여당의 집권이 성공하지 못했다."라고 주장한다.

여야 각 당의 대선 후보 경선은 질문의 답이 되는 적임자를 뽑는 각축장이 된다. 야당은 심판론의 적임자, 즉 현 대통령의 대척점에 서는 사람을 뽑는다. 반대로 여당은 일관성의 적임자, 즉 현 대통령을 가장 잘 계승할 사람을 선출한다. 그래서 야당 경선에는 대통령에 대한 비난이 넘쳐나고, 여당 경선에는 대통령을 향한 칭송으로 가득하다.

경선을 지배하는 프레임이 하나 더 있다. 바로 '본선경쟁력'이다. "누가 상대 당의 최종 후보를 이길 가능성이 가장 큰가?"라는 질문이다. 제아무리 능력이 뛰어나고 준비가 잘 되어 있어도, 대통령 선거에서 상대 후보를 이길 가능성이 적다면 경선을 통과하기 힘들다. 경선에 참여하는 당원이나 지지자들에게는 다른 무엇보다 대선에서 승리하는 일이 중요하기 때문이다.

2022년 20대 대선을 앞두고 진행된 여야 각 당의 경선 역시 본선 경쟁력 논쟁이 뜨거웠다. (2021년 9월 현재) "현재의 1위 후보는 본선경쟁력이 없다"라는 주장과 공격이 난무했다. 상대의 약점을 들춰내는 전략, 이른바 '네거티브'다. 국민의힘 경선은 지지율 1위인 윤석열 후보의 부족한 점을 다른 후보들이 공격하기 바빴다. 더불어민주당 역시 이재명 후보의 단점을 부각하는 데 집중했다.

이를 지켜보는 국민의 심정은 어떨까? '꽃 노래도 하루 이틀'인데 심지어 매일 서로 싸우고 으르렁대니, 관심은커녕 환멸을 느끼고 어떻게든 외면하고 싶은 심정일 것이다. 없던 호감도 있게 만들기 위해 치르는 것이 경선일 텐데, 네거티브가 과열되면서 있던 호감마저 사라지는 상황이다. 실제 여론조사에서도 유력 후보에 대한 비호감도가 점점 높아지고 있다. 많은 국민이 "이번 대선에는 찍을 만한 사람이 없다"라고 말하는 이유다.

실제 여론조사가 이를 증명한다. 2021년 9월 첫째 주에 시행된 여론조사(8월 31일~9월 2일·성인 1000명 대상·한국갤럽)에서 "다음 대통령감으로 누가 좋은가?"라는 질문에 응답자의 32%가 "없다(의견 유보)"라고 답했다. 이는 1위 후보에 대한 지지 응답(24%)보다 높다. 의견 유보는 특히 2030 세대에 집중되어 있었는데, 20대의 약 50%, 30대의 40%가 지지 후보를 유보했다.

안타까운 일이다. 청년들은 대선 후보에게 듣고 싶은 말을 듣지 못하고 있다. 청년들이 가장 바라는 것은 무엇일까? 청년의 미래를 위한 계획과 비전일 것이다. 특히 경제가 중요하다. 경제를 어떻게 성장시킬지, 산업을 어떻게 키울지, 일자리를 어떻게 늘릴지에 관한 진지한 고민과 구체적 계획이 지금 대선에는 없다.

"이번 대선이 유독 심하다."라는 말도 근거가 있다. 지난 19대 대선 6개월 전(2016년 9월) 시행된 한국갤럽 조사에서, 지지 후보에 대한 의견을 유보한 비율은 23%였다. 5년 전보다 약 10% 포인트나 많은 비율로 마땅히 찍을 대통령 후보를 찾지 못하고 있다. 대선이 과거로 가고 있다고 해도 틀린 말이 아니다.

과학기술인의 분노가 심상치 않다

대선이 다가오면서 과학기술인이나 기업 관계자를 만날 때마다 자연스레 대선과 관련한 이야기가 나온다. 즐겁게 대화를 나누다가도 이내 표정이 어두워진다. "이런 대선 처음 봤다." "이번 대선에는 미래가 없다." 이구동성 하는 말이다. 국가 미래에 관한 비전이나 경제적 담론이 사라지고, 자질론이나 본선경쟁력과 같은 정치적 담론이 대선을 지배하는 탓이다.

특히 과학기술이나 산업에 관한 이야기는 좀처럼 찾아볼 수 없다. 각 후보의 대표 공약에서도 관련 내용을 찾아보기 어렵다. 후보들에게 관련 전문성이 없어서일까? 본선의 승부처가 아니라고 생각하기 때문일까? "선진국형 경제체계 구축" "4차산업혁명 선도국가"와 같은 개념 수준의 구호만 있을 뿐, 거기서 더 나아가는 경우를 찾아볼 수 없었고, 지금까지 한 번도 쟁점이 되지 못했다. 대표적인 선거운동인 TV토론에서도 과학기술이나 산업에 대해 진지하게 대화하는 모습을 찾아볼 수 없었다. '과학'이나 '기술'이라는 말 차제가 한 번도 등장하지 않는 경우도 많다.

이러한 현상의 근본적인 이유는, 후보들에게 과학기술에 관해 질문하는 사람이 없기 때문이 아닐까 싶다. 만약 정당이나 언론사에서 TV토론을 기획하고 세부 주제를 정할 때, '과학기술 발전 전략'이나 '산업 성장 정책'을 하나의 독립주제로 삼는다면 지금과 전혀 다른 분위기와 깊이의 토론이 전개될 것이다.

일반적으로 대선 TV토론은 '경제 분야'와 같은 큰 주제로 관련 분야 토론을 진행한다. 그러면 가장 먼저 등장하는 이슈가 '복지'다. 한쪽에서 '복지 확대'를 이야기하면, 다른 한쪽에서는 '복지 확대 반대'를 이야기한다. 복지 확대를 반대하는 쪽에서도 "복지를 확대해서는 나라 살림이 거덜 난다. 성장을 해야 한다." 정도의 주장만 있을 뿐 제대로 된 성장 정책을 말하지 않는다. "과학기술이 너무 중요하다. 관련 예산을 파격적으로 늘리겠다."라는 말이 가뭄에 단비처럼 등장하는 정도다.

언론의 탓도 크다. 언론은 후보들에게 경제와 관련한 구체적인 계획이나 비전을 좀처럼 묻지 않는다. 국민이 원하는 정보라고 자평하며 후보의 자질론, 도덕성, 비리 의혹, 추문과 각종 구설을 더 중요하게 보도한다. 그런 정보가 자주, 그리고 크게 보도되다 보니 수용자인 국민도 그 점을 더 중요하다고 여기게 된다. 그러면 언론에서 비슷한 보도를 더 많이 생산하는 악순환이 이어진다.

사람들의 입맛이 화학첨가물에 길들어져 있다고 해서, 요리사가 화학첨가물로 손쉽게 맛을 낼 수는 없는 일 아닌가? 그보다는 대중에게 건강한 식재료의 미덕을 보여주는 것이 요리사의 사명이 아닐까? 건강하지 않은 음식을 찾는 사람도 문제겠지만, 화학첨가물로 맛을 낸 음식으로 사람들을 현혹하는 것이 더 큰 잘못이 아닐까?

현실적으로 가능하지 않겠지만, 언론들이 의기투합해 대선 관련 보도 관점을 산업 및 과학기술 위주로 다룬다고 생각해보자. 후보들의 각오와 준비가 달라지고, 대선의 분위기가 달라지고, 선거의 의미가 달라지고, 국민의 의식이 달라지고, 나라의 미래가 달라질 것이다. 국민에게 중요한 것을 중요하게 바라보도록 만드는 언론의 '의제설정(agenda setting)' 기능을 절실히 고민해야 하는 시기가 대선이 아닐까 싶다.

누가 대신 질문해주지 않는다면, 과학기술인과 산업·기업인들이 직접 질문할 수밖에 없다. 리서치를 통해 현재 대선 과정에서 느끼는 불만과 분노를 객관적으로 드러내고, 규제개혁·인재양성·민관협력과 소통·정부지원과 투자·창업환경 등에 관한 각 후보와 캠프의 생각과 계획을 꼼꼼히 묻고 확인해야 한다. 그들에게 무엇이 부족한지 각성시키고, 대안과 계획을 마련하라고 촉구해야 한다. 정치 세력에게 가장 절박한 대선 국면을 이용하지 않는다면, 우리의 숙원을 공론화하기 위해 또다시 5년이라는 시간을 기다려야 할지 모른다.

대선을 앞두고 과학기술계와 산업계에서 각각 나름의 요구사항을 정리하고 있을 것이다. 이는 '정책연대'나 '협약사항' '현안과제' 등의 방식과 형식으로 각 후보 캠프에 전달될 것이다. 전달된 요구사항을 각 대선 후보가 실제 대통령이 된 후 실현하게 하려면 산발적인 사항들을 최대한 종합하고 일원화해서 전달할 필요가 있다. 다음 대통령이 과학기술과 산업 발전을 위해 반드시 해야 할 일, 그리고 각계 공통의 요구사항을 도출한 후 대선의 전면에 나서는 것이다.

시대정신, 도약과 부민강국

혹자는 시대정신이란, 이 시대를 관통하며 도도하게 흘러가는 변화의 방향이라고 말한다. 국민의 여망과 국가의 역량에 지도자의 철학이 더해진 그 무언가라고 말이다. 대통령 선거 국면에서는 특히 수많은 시대정신이 등장한다. 대선이 국가의 방향과 철학, 우선순위를 재정립하는 시기이기 때문이다.

2022년 대선을 앞둔 지금도 그렇다. 많은 후보가 각자의 시대정신을 말하고 자신이 적임자라고 주장한다. 어떤 후보는 성장과 공정을 시대정신이라 말하고, 어떤 후보는 기회와 정의라 외치고, 다른 이는 진보와 미래준비라고 주장한다. 또 누군가는 국민통합을 내세운다.

출마자 각각이 정의한 시대정신을 구체화한 결정체가 대통령 선거의 슬로건이다. 1992년, 여야 3당을 합당해 정권 창출을 노린 김영삼 후보의 슬로건은 "신한국 창조"였다. 안정과 개혁이라는 두 시대정신을 묶어 담았다. 1997년, IMF 경제 위기 직후 대선을 앞둔 김대중 후보의 슬로건은 "경제를 살립시다!"였다. 그의 시대정신은 경제회복과 남북평화였다. 김대중 대통령은 집권 이후 남북평화도 경제적 관점에서 접근했다.

2002년 노무현 후보는 오랫동안 국민 위에 군림했던 특권을 타파하고, 지역갈등을 해소해야 한다는 시대정신을 "새로운 대한민국"이라는 슬로건에 담았다. 2007년 이명박 후보의 슬로건은 "국민성공시대"였다. 국가 경제 성장과 더불어 개인의 경제적 이익을 키우고 싶은 국민의 요구를 반영했다. 2012년 박근혜 후보는 국가통합과 개인의 행복이라는 시대정신을 담아 "100% 대한민국, 국민행복시대"라는 슬로건을 내세웠다. 그리고 2017년 문재인 후보는 국가 시스템을 망가뜨린 보수 세력을 끌어내리고 그들에 의해 켜켜이 쌓여있던 불공정과 부조리를 청산하는 것이 시대정신이라

여기며 "나라다운 나라"를 주창했다.

어찌 보면 시대정신은 선거 전략과 프레임(선거에 관한 규정, 국민 염원에 관한 규정, 나에 관한 규정, 상대에 관한 규정 등)에 가깝다. 따라서 각 정당과 후보가 제시한 시대정신은 위의 예처럼 상대 진영의 실패에서 찾을 수도, 국민의 바람에서 발견할 수도, 또 자기 진영이나 후보의 강점에서 찾을 수도 있다. 베스트는 국민의 바람과 자신의 강점이 맞아떨어지는 시대정신이다.

가끔 국민이 동의하는 시대정신을 찾았지만 막상 자신이 그 적임자가 아닐 때도 있다. 경제회복을 내세운 후보가 경제전문가가 아니거나, 복지 확대를 강력히 주장하지만 그동안 복지에 소홀했거나, 공정한 대한민국을 얘기했는데 자녀의 취업 비리가 있거나, 국민통합과 협치가 중요하다고 해놓고 정작 본인은 그동안 상대 진영에 막말을 서슴지 않은 트러블메이커였던 경우다. 이런 후보는 국민의 지지는커녕 비웃음을 받기도 한다.

후보 자신의 강점에서 시대정신을 찾았지만 막상 국민에게 동의를 얻지 못하는 예도 있다. 지난 대선에서 홍준표 자유한국당 후보는 당시 선거를 좌파로부터 대한민국을 지키는 선거라고 주장하면서 문재인 후보를 '친북 좌파', 안철수 국민의당 후보를 '얼치기 좌파', 심상정 정의당 후보를 '원래 좌파', 유승민 바른정당 후보는 '알고 보면 좌파'라고 규정했다. 그렇게 만들어진 슬로건은 "(좌파로부터)대한민국을 지키겠습니다!"였다. 그에게 시대정신은 '체제

수호'였다.

홍준표 후보의 시대정신은 대다수 국민에게 호응을 얻지 못했지만, 대선에서 24%나 득표했다. 물론 보수진영 자체에 대한 지지, 다른 후보에 대한 반대, 특정 공약에 대한 지지 등이 담겨있는 결과였지만, 8백만 명 가까운 국민의 선택을 받았다면 제법 설득력 있는 시대정신이었다고 할 수 있다.

가장 안타까운 실패는 국민이 바라지도 않는 데 본인의 강점을 드러내기 위해 시대정신을 임의로 만들어내는 경우다. 이럴 때 유권자는 "당신의 주장이 맞긴 하지만 지금 대한민국에 가장 중요한 것은 따로 있어."라며 눈길을 주지 않는다.

철학자 최진석 교수는 시대정신에 대해 이렇게 말했다.

"시대정신은 대한민국이 한 단계 나아가게 하는 것입니다. 진영 논리가 아닌 미래를 위한 담론이어야 합니다. 중진국의 삶을 선진국의 삶으로, 추격국가의 삶을 선도국가의 삶으로 만드는 것입니다. 이제 대한민국은 과거에서 미래로 건너가야 합니다."

전적으로 동의한다. 지금 우리가 찾는 시대정신은 진영 논리가 아니다. 여야 중 누가 더 더러운가 깨끗한가를 따지며 싸우는 것이 아닌, 누가 더 잘했느냐 잘못했느냐며 편을 가르는 프레임이 아닌, 국가의 미래와 다음 세대를 위한 담론이어야 한다고 생각한다. 대한민국을 한 단계 나아가게 하는 담론 말이다.

나는 2022년의 시대정신은 '도약'이라고 생각한다. 무엇을 위한 도약인가? 그 지향점은 '부민강국(富民强國)'이라고 믿는다. 부민강국은 국민이 잘 살아야 나라가 강해진다는 뜻이다. 오랫동안 정치인들은 부국(富國)을 위해, 즉 나라를 잘 살게 하려고 노력했다. 그것이 강국이 되는 길이라 믿었다. 그러나 선량한 국민이 잘 살지 않으면 나라가 강해질 수 없고, 제대로 된 미래를 그려볼 수 없다는 사실을 우리는 역사를 통해 알고 있다.

2021년 현재, 많은 국민은 정치적 갈등과 이념적 반목에 지쳐있다. 코로나19로 인한 경제적 좌절감도 심각하다. 정치권이 제대로 된 경제 비전이나 미래 구상 없이 상대 세력의 잘못에서 집권의 이유를 찾는다면, 대한민국의 장래는 어두울 수밖에 없다. 국민은 이전보다 더 정치에서 멀어질 테고, 정치는 더더욱 깊은 조롱과 환멸의 대상이 될 것이다.

지금까지 정치권은 본인들이 힘이 들 때마다 국민에게 힘을 달라고 손을 내밀었다. 이제 힘든 국민을 돕기 위해 손을 내밀고 그들의 손을 잡아줘야 한다. 그러나 2022년 대선 국면에서도 자기편을 들어달라는 이야기밖에 없다. 더불어민주당은 국민의힘 심판을 외치고, 국민의힘은 더불어민주당 심판을 외친다. 아이가 부모에게 싫어하는 친구를 혼내달라고 조르는 형국이다. 유치한 논쟁은 그 정도면 충분하다. 이제 여야는 "우리가 나라를 더 잘 이끌 수 있다. 국민을 더 부유하게 할 수 있다."라는 확신을 심어주어야 한다. 그래야 본인의 정당도 이기고, 나라도 이기고, 국민도 이기는 대선이 될 수 있다.

다음 정권의 임무는 분명하다. 미래로 건너가는 더 큰 도약, 부민강국을 위한 경제 성장을 이뤄야 한다. 대한민국을 중진국에서 선진국으로, 추격국가에서 선도국가로 키울 수 있는 담대하고 위대한 도전을 시작해야 한다. 이번 대선에서 국민이 미래에 대한 희망을 볼 수 있도록 각성하고 노력해야 한다.

경제 성장에는 진보·보수가 따로 없다

기업에 대한 태도와 정책은 정당마다 다양하다. 특히 대기업 정책에서 차이가 크다. 보수정당은 '비즈니스 프랜들리' 기업에 더 많은 자유를!'이라는 메시지로 기업의 더 많은 지지를 끌어오기도 했다. '재벌 개혁'이라는 기치로 대기업을 견제하는 정당도 있다.

그러나 어느 정권 어느 정당도 대기업의 가치를 부정하지 않으며, 반대로 대기업의 반칙이나 불법, 탐욕까지 용납하지도 않는다. 결국, 모든 정권이 법적 한계 안에서 대기업을 포함한 모든 기업에 더 많은 기회를 주고 더 크게 지원하겠다고 주장하고 이를 최대한 실현하기 위해 노력한다.

경제 성장을 위한 산업 정책에는 이념이 개입할 여지가 거의 없다. 예컨대 반도체 산업에 진보적·보수적 정책이 따로 있을까? 정권이 바뀐다고 국가적으로 중요한 산업을 등한시할 리 없다. 보수 정권이 산업 발전에 더 도움이 된다고 할 수도 없다. 역대 최대 규모의 〈K 반도체 벨트 전략〉을 수립한 것도 더불어민주당 정부다. 산업은 이념이 아닌 시대적 기조, 세계적 흐름에 좌우되기 때문이다.

역대 정권의 산업 정책을 보자.

박정희 정부(1963~1979)는 국가가 나서서 전략산업을 집중적으로 육성하는 정책을 펼쳤다. 나라에 제대로 된 미래 산업이 없던 시절이었다. 총 4회에 걸친 '경제개발 5개년 계획'을 바탕으로 국가 주도형 산업 정책을 시행, 빠른 속도로 공업화를 이루고 수출 주도형 경제체계를 구축했다. 철강과 석유화학을 산업의 근간으로 보고, 포항제철을 건설하고 울산석유화학단지와 남동임해공업단지를 조정했다. 철도 중심 교통체계를 고속도로 중심으로 전환해 물류를 혁신하고 자동차산업의 인프라를 마련하기도 했다.

그러나 대외의존도가 너무 높았다. 내수 기반이 취약한 대외 의존 방식의 경제구조는 외부 환경 변화에 지나치게 민감할 수밖에 없다. 지나친 대일 의존으로 수출 이익 대부분이 일본으로 가는 부작용도 생겼다. 낚시꾼에게 목이 묶인 가마우지가 자기가 잡은 물고기를 모두 낚시꾼에게 빼앗기는 모습에 빗대 '가마우지 경제'라는 비웃음도 샀다.

이에 전두환 정부(1980~1988)는 전략산업 집중지원을 탈피해 산업 전반의 경쟁력을 키우는 데 정책의 초점을 맞췄다. 정권 초기 경제는 위기 상황이었다. 박정희 정부의 고도성장 정책 부작용과 유가 파동 등으로 경제성장률 5.2%, 소비자 물가상승률 38.2%의 인플레 상태였다. 이를 극복하기 위해 산업 불균형 완화 등에 초점을 맞춘 제5~6차 경제개발 5개년 계획을 시행했다. 1986년, 공업발전법 제정을 계기로 전략산업 집중지원 대신 기능별 지원으로 전환했고, 산업합리화 업종 지정제도를 마련해 부실기업 정리를 단행했다. 반도체 등 첨단산업과 전자산업 성장의 기반도 마련했다. 그러나 대기업 위주 정책은 부작용이 심했다. 대기업의 '문어발식 확장'이라는 한국경제의 병폐를 초래했다. 30대 기업 집단의 계열사 수는 1974년 139개에서 1986년 276개로 늘어났다. 재계서열 7위의 국제그룹을 해체하는 등 유신 때부터 계속된 관치경영도 사라지지 않았다.

노태우 정부(1988~1993)는 경제뿐만 아니라 사회 불안이 심화하는 시기였다. 3저 호황(저금리·저유가·저달러)에도 불구하고 사회적 비용이 늘어나 경제와 산업 경쟁력이 점점 낮아졌다. 1986년 아시안게임, 1988년 서울올림픽 등으로 사회적 비용이 증가했고, 노사 갈등과 임금 상승으로 사회적 불안도 상승했다. 부동산 투기 등 경제 불안도 컸다. 급기야 미국으로부터 환율 조작국이라는 압력까지 받게 되었고, 환율 저평가 정책을 지속할 수 없어 서울올림픽 이후 수출이 급격히 둔화했다. 여기에 주택 200만 호 건설계획 부작용 등으로 경제가 급격히 둔화한 상태로 정권이 교체됐다.

IMF 사태를 불러온 김영삼 정부(1993~1998)는 한국경제의 흑역사로 남았다. '신한국 건설'을 표방하며 '신경제 5개년 계획'을 대대적으로 추진했으나 성공하지 못했다. 경기부양을 위한 응급조치로 채택한 '신경제 100일 계획'부터 실패했다. 갑작스레 도입한 금융실명제로 혼란스러웠고, 금융시장 안정화 정책에 한계를 드러냈으며, 외환 관리에도 실패했다. 높은 부채 비율과 단기차입금 때문에 기업의 도산이 이어졌다.

물론 성과도 있다. 21세기 아시아 정보 중심국가 건설이라는 목표 아래 정보통신산업 기반을 조성했다. 체신부를 정보통신부로 개편하고, 정보화촉진기본법 등 법적 기반을 마련했다. 통신산업 민영화를 통해 서비스 품질 개선, 통신사업자 경쟁력 강화를 유도했다. 이때 LG텔레콤, 한솔PCS, 한국통신프리텔 등 신규 통신사업자가 탄생했다.

김대중 정부(1998~2003)는 외환위기를 극복하는 일이 급선무였다. 위기를 초래한 취약부문에 초점을 맞춘 경제정책과 구조조정을 추진했다. 1단계 구조조정은 재벌 개혁에, 2단계 구조조정은 금융, 기업, 노동 및 공공부문 투명성 및 효율성을 높이는 데 초점을 맞췄다.

특히 경제 활력을 높이기 위해 IT산업을 키우는 데 주력했다. IT 벤처 창업 및 성장을 촉진하고, 코스닥 활성화를 통해 투자환경을 조성했다. 벤처특별법 개정(1998), 벤처촉진지구 도입(2000), 벤처

건전화 방안(2002)이 대표적인 예다. 정보통신기술개발 5개년 계획(1999)도 추진, IT 강국의 기반을 마련했다. 차세대인터넷, 광통신, 무선통신 등 중점기술 개발 사업에만 4조 원을 투자했다. 1998년 1만 명이던 초고속인터넷 가입자 수는 2002년 1,040만 명으로 늘었다.

노무현 정부(2003~2008)는 지역산업 육성과 신성장 동력 발굴에 집중했다. 국가균형발전특별법(2004)을 제정하였고, 지역 클러스터 정책, 공공기관 지방 이전을 추진했다. 지역경제와 전략사업의 제도적 기반을 마련하고, 지역전략 산업의 본격적 육성을 시작했다. 주요 기업별 거점에 R&D 기능, 행정지원 기능 등을 집적시켜 지역 내에서 혁신 활동이 이루어지는 클러스터를 구축했다.

신성장 동력을 키우기 위해 김대중 정부의 IT, 소프트웨어 산업 육성정책을 업그레이드했다. 2003년 10대 차세대 성장 동력 추진 전략을 발표했고, 2004년에는 IT 8·3·9 전략으로 8대 신규 서비스(휴대인터넷, DMB, 홈네트워크, 텔레매틱스, RFID, WCDMA, 지상파 디지털TV, 인터넷전화), 3대 인프라(광대역통합망, 유비쿼터스센서네트워크, IPv6), 9대 신성장동력(차세대 이동통신, 디지털TV, 홈네트워크, IT SOC, 차세대 PC, 임베디드 소프트웨어, 디지털콘텐츠, 텔레매틱스, 지능형 로봇)의 유기적 연계를 통해 국민소득 2만 달러 시대에 진입했다.

이명박 정부(2008~2013)는 실용주의 정부를 표방하며 규제 완화를 통한 투자 활성화에 주력했다. 집권 초기부터 감세를 통한 투자 활성화, 외국인 투자유치 활성화, 출자총액 제한 폐지 및 지주회사 규제 완화, 금산분리 완화, 산업은행 민영화 등 규제 완화를 이어갔다. 지역산업 정책도 광역경제권 중심으로 재편하여 효율성을 높였다. 기존 16개 광역 시도를 7개 광역경제권으로 묶어 광역경제권 단위에서 선도산업, 인재양성사업, SOC 사업 등을 전개했다. 녹색기술, 첨단융합, 고부가서비스의 3대 분야 17개 신성장동력 선정해 육성했다. 대통령 직속 녹생성장위원회 설치 후 22조 원을 투입해 4대강 사업을 추진하기도 했다.

박근혜 정부(2013~2017)는 경제 분야 핵심과제로 '창조경제'를 표방했다. 창조경제는 상상력과 창의성을 바탕으로 새로운 산업과 시장을 창출한다는 개념이다. 이에 4·7·4(4% 잠재성장률, 70% 고용률, 국민소득 4만 달러) 달성을 목표로 창업 활성화, 벤처 생태계 조성 등에 주력했다. 전국 17개 광역시도에 대기업과 연계한 창조경제혁신센터 구축했고, 창업 아이디어 사업화, 판매, 유통, 해외진출 등의 원스톱 서비스도 제공했다.

문재인 정부(2017~)의 산업정책은 미래형 산업구조를 통한 '혁신경제'와 중소·중견기업과 국민이 바라는 '포용성장'을 목표로 출범했다. 이를 위해 주력산업 고도화와 신산업 창출, 중견기업을 새로운 성장 주체로 육성하는 상생 협력 강화, 혁신성장을 위한 지역거점 육성 등 3대 전략을 제시했다. 제조 경쟁력과 ICT, 서비스 등의 융합을 통해 미래형 신산업 육성을 목표로 잡고, 시스템반도체·미래차·바이오 등을 육성하고 있다. 2020년 코로나19 위기를 맞으면서 대면산업인 제조, 유통, 관광 등 전통산업이 디지털화로 재편되자 〈한국판 뉴딜〉로 기존 정책을 업그레이드했다.

앞서 살펴보았듯 산업 정책은 이념이 아닌 시대적·세계적 흐름, 즉 상황과 전망을 우선했다. 역대 정권과 대통령은 이를 전제로 자신의 국정철학을 담아 산업 정책을 추진했다. 다음 정부도 그래야 한다. 따라서 대통령 선거는 이를 준비하는 토론의 장이 되어야 한다. 기존의 성장 전략을 검토하고 무엇이 부족하고 무엇을 바꿔야 하며 어느 부분에 주력해야 하는지를 충분히 논의해야 한다. 그러나 대선을 앞둔 지금, 이에 대한 논의는 전무하다. '기업들이 알아서 하겠지'라는 생각을 버리고 정부가 어떤 역할을 할 것인지 진지하게 고민해야 한다. '성장이냐, 분배냐?'라는 기존의 논쟁은 경제와 산업적인 측면에서는 불필요하거나 단견이며, 이미 차고 넘친다.

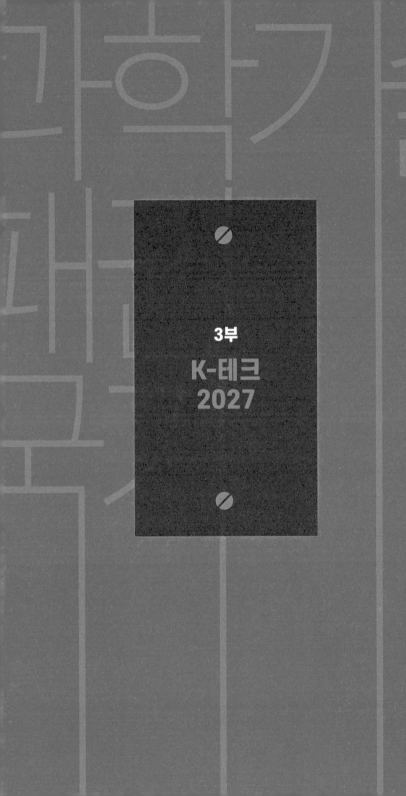

3부

K-테크
2027

01

한국경제에 필요한
4가지

한국에서는 정치와 경제가 가까이 지내면 '정경유착'이라며 비판한다. 물론 기업이 정치 권력과 유착해 특혜를 누리고 범죄를 저지르는 경우도 많았다. 그러나 기술 산업의 시대, 이제 기업과 정부는 가능한 밀접한 사이여야 한다. 과학기술 패권경쟁의 시대에 파고를 넘으려면 정부와 민간이 함께 고민해야 할 일들이 너무 많다.

역동성과 도전정신

산업적 측면에서 가장 역동성 있는 나라가 어딜까? 끊임없이 혁신 벤처가 탄생하는 실리콘밸리를 가진 나라, 바로 미국이다. 그러나 1990년대 말까지만 해도 기업가정신이 살아있는 가장 역동적인 나라는 한국이었다고 생각한다. 경영학자 피터 드러커는 2002년 출간한 《넥스트 소사이어티》에서 도전적인 기업가정신을 가장 잘 실천하는 국가는 미국이 아니라 한국이라고 말했다.

IMF를 맞으면서 잠시 위기를 겪었지만, 뼈를 깎는 구조조정으로 기업들이 체질을 개선했고, 이는 세계 경제 회복의 흐름을 타고 한국이 승승장구하는 발판이 되었다. 그러나 그 후 20년간 우리 경제는 경기가 어려워질 때마다 임시적인 경기부양책만 반복해 썼을

뿐 구조적인 개혁이 없었다. 그 결과 경제는 새로운 성장 경로를 찾지 못한 채 정체되고, 산업은 역동성을 잃고 쇠락해가고 있다.

관련 자료를 살펴보자. 산업별 부가가치 비중의 변화치를 합산하여 산업 역동성을 나타내는 '산업구조변화 지수'를 보면, 1980년대 0.90을 기록했던 지수가 2010년대 중반에는 0.40으로 뚝 떨어졌다. (표11 참조) 2000년~2013년 산업구조 변화 지수를 다른 나라와 비교해 순위를 매겨보니 한국은 경제 규모 상위 35개국 중 29위(0.45)였다.

이는 우리 경제가 빠르게 늙어가고 있음을 의미한다. 새로운 산업이 기존 산업을 보완하거나 대체하고, 새로운 기업들이 기존 대기업을 뛰어넘는 역동성이 증가하지 않는다면 우리 경제는 현재의

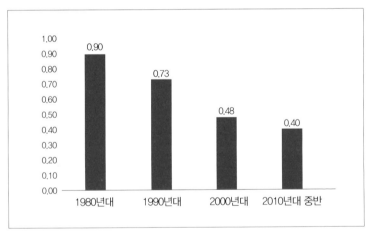

표11 한국의 산업구조변화 지수 추이(자료: LG경제연구원)

경쟁력을 유지하기 어렵다.

우리나라 경제의 경쟁력을 보자. OECD가 집계한 세계 수출시장 점유율에서 한국은 2012년 3.08%에서 2019년 2.74%로 하락했다. 글로벌 컨설팅 회사인 딜로이트가 평가한 세계 제조업 경쟁력 지수에서도 2010년 3위를 기록했던 한국은 2016년 5위, 2020년 6위로 해를 거듭할수록 한 계단씩 내려왔다. 현재 우리 경제는 몇몇 업종과 기업에 의지해 겨우 지탱하고 있는 아슬아슬한 형국이다. 만약 이들이 무너지면 나라 경제 전체가 휘청거릴 수 있는 위험한 상태다.

대표적인 예가 메모리 반도체 분야다. 최근 들어 세계 1위 한국의 아성이 흔들리고 있다는 분석도 나온다. 한국의 메모리 반도체는 2020년 4분기 중 D램 시장의 71%, 낸드플래시 시장의 45%를 차지하며 세계를 장악하고 있고 기술 측면에서도 1위다. 한국은 무려 29년째 이 타이틀을 유지해왔다.

그러나 2020년 11월 충격적인 뉴스가 나왔다. 낸드플래시 시장에서 6위 업체인 미국 마이크론이 세계 최초로 176단 낸드플래시를 만들어낸 것이다. 한국은 지금 128단 수준이다. 비유하자면, 1등 건설회사가 128층 건물을 짓고 있는데 6등 회사가 176층을 완공한 셈이다. 정부가 메모리 반도체 세계 1위 수성을 위해 꾸준히 관심을 가지고 지원을 유지해야 하는 이유다. 자칫 시스템 반도체에 집중하다가 '황금알을 낳는 거위'를 잃어버릴 수도 있다.

제대로 정신 차리지 않으면 우리 산업과 경제는 일본의 길을 걸을 수도 있다. 1990년대 이후 30년에 걸친 장기불황에도 일본은 구조 개혁에 성공하지 못했다. 일본 산업계는 변화하는 산업 패러다임과 글로벌 경쟁 환경에 적응하지 못해 서서히 경쟁력을 잃었다. 코로나19 팬데믹으로 산업 지형의 대전환이 촉발된 지금, 디지털 전환의 가속화로 모든 산업의 구도가 하루가 다르게 바뀌는 이 흐름에 우리가 제대로 적응하지 못한다면 머지않아 일본과 함께 세계 경제의 변방에서 쓸쓸히 늙어갈 것이다.

예측 가능성 확보

과학기술에는 보수와 진보가 없다. 산업에는 여야가 없다. 경제에도 되도록 이념이 없어야 한다.

그러나 우리나라 경제 기조와 산업의 방향은 어떤 정치 세력이 집권하느냐에 따라 수시로 바뀐다. 오늘의 비전이 내일의 구태가 되고, 어제까지 유지되던 전략이 오늘 갑자기 사라진다. 그러니 기업은 장기적 투자가 꺼려지고 새로운 도전을 주저하게 된다.

기업에서 가장 중요한 것은 예측 가능성이다. 예측이 가능해야 오늘 비록 손해를 보더라도 과감한 투자를 할 수 있고, 위험을 감수하면서 담대한 도전을 할 수 있다. 기업이 정치와 결탁하는 이른바 '정경유착'은 기업인들이 권력의 특혜를 노린 악행이지만, 한편으로는 오락가락하는 한국 정치와 경제 상황에서 불확실성을 최대한 제거하려는 합리적(?) 선택일 수도 있다.

국제관계의 변수도 불확실성을 높인다. 문재인 정부는 '전략적 중립'을 통해 '안보는 미국, 경제는 중국'이라는 오랜 관계 사이에서 균형을 이뤄냈다. 2021년 5월 한국의 대기업들이 미국에 총 44조 원의 투자를 결정한 것도 미국과의 안보 동맹의 일환이었다. 그러나 만약 정권이 바뀌고 대미·대중 입장이 달라져 이와 같은 균형이 깨진다면 오늘의 선택이 내일의 재앙이 될 수 있다. 전략적 묘수가 미래에는 악수가 될 수 있다. 반도체의 경우, 경제뿐 아니라 외교·안보의 영역이기 때문에 더욱더 그렇다.

2021년 5월 정부가 발표한 'K-반도체 전략'에는 2030년까지의 정부 계획과 지원책이 담겨 있다. 2030년이면 정권이 두 번 바뀌는 시간이다. 만약 이 전략이 일관성 있게 추진되지 않고 오락가락한다면, 반도체 기업들은 500조 원 이상 투자하기로 했던 계획을 재검토할 수도 있다. 그리고 더 일관성 있게 정책을 유지하는 다른 나라가 있다면, 기업들이 그 나라 정부를 따르지 않으리라고 장담할 수 있을까?

정부와 국회는 기업의 불확실성을 높이는 요소들을 법적으로 제거해 줄 필요가 있다. 대표적인 것이 투기자본 규제다. 소위 주주행동주의 펀드로 불리며 전성기를 맞은 투기자본들이 건실한 기업을 흔들고 우리 경제를 교란하고 있다. 금융위기 직후인 2010년부터 크게 확산된 이들의 공격은 코로나19 사태로 다소 주춤하고 있지만 회복 국면인 2021년 이후부터는 다시 창궐할 것이다. 반드시 법적 규제가 필요하다. 미국에 이어 투기자본의 가장 많은 공격을 받는 일본은 2019년 10월 외국인이 상장기업 투자 시 신고의무가 발생하는 지분율 기준을 10%에서 1%로 대폭 낮추는 '외환 및 외국 무역법' 개정안을 발의했다.

OECD 국가 중 가장 높은 '상속세율'도 기업의 예측가능성과 연속성을 낮춘다. 경쟁력 있는 기업임에도 창업자 사망 후 상속세가 부족해 문을 닫거나 다른 회사로 팔려가는 경우가 대표적이다. 1967년 창업한 '농우바이오'는 국내 최대 종자회사다. IMF 외환위기에도 살아남아 2011년에 1000만 달러 수출탑을 수상했고, 2013년에는 300대 강소기업에 선정된 기업이지만, 2014년 창업주가 사망하자 상속세 1,200억 원을 마련하지 못해 끝내 회사를 매각해야 했다.

가정주부였던 이길순 대표의 성공 스토리로 유명한 소형 공기청정기 업체 '에어비타'는 2003년 설립 후 매출을 160억 원대로 늘리면서 강소기업으로 성장했다. 이 대표는 자녀가 연속성 있게 회사를 경영하길 바라며 꾸준히 경영 승계 준비를 시켰지만 2019년 상속을 포기하고 100억 원에 회사를 처분했다. 상속세 부담 때문이다. 이밖에도 '유니더스' '쓰리세븐' '락앤락' 등 국내를 넘어 세계무대를 누비던 강소기업들도 높은 상속세 때문에 경영을 포기하고 매각했다.

한국에서 경영 승계는 '부의 대물림' '불로소득'과 같은 부정적 인식이 강해서 '경영의 연속성' '자본 유출 방지' 같은 긍정적 효과를 주장하기가 힘들다. 현재 한국의 상속세율은 50%(과세표준 10억 원 이상)이고, 지배주주 할증까지 더하면 명목 최고세율은 60%로 늘어난다. OECD 37개국 중 최고이며 평균 세율(23.1%, 상속세)의 두 배가 훌쩍 넘는다.

OECD 가입국 중 상속세가 없는 나라도 8개국이 된다. 대표적인 국가가 스웨덴이다. 스웨덴도 1980년대까지 상속세율이 60%였다. 이를 바꾼 사건이 1984년 스웨덴 최대 제약사였던 아스트라(Astra)의 공동 대주주 에릭 키스너의 미망인 샐리 키스너의 사망이다. 이때 자녀들이 주식으로 상속받은 재산에 대한 상속세가 약 350억 원이었다. 문제는 상속받은 주식의 주가가 급락하면서 자산가치가 약 310억 원으로 낮아졌고(급락 원인은 자녀가 주식을 팔아 상속세를 낼 것이라는 투자자들의 우려가 매도로 이어졌기 때문) 결국 세금 낼 돈이 없어 자녀들이 파산 신청을 한 것이다.

이후 발렌베리가(家)와 함께 스웨덴의 대표적 재벌인 프레드릭 룬드베리가 1985년 스위스로 이민을 떠났다. 당시 룬드베리 회장은 "나는 서른세 살이고 젊지만, 갑작스럽게 죽을 수 있다. '샐리 키스너' 사태가 재현되게 둘 수 없다."라고 말했다. 이미 1976년 이케

아의 창업주 잉그바 캄프라드도 상속세 때문에 스위스로 떠났고, 우유팩 등 패키징 업체로 유명한 테트라팩 창업자 루벤 라우징 역시 1969년 이탈리아로 이민한 상태였다. 사태의 심각성을 깨달은 스웨덴 정부는 1987년부터 본격적인 상속세 개편 논의를 시작해 1992년 절반으로 세율을 낮췄고, 2004년 마침내 상속세를 폐지했다. 스웨덴 정부는 '부의 대물림 차단'이나 '불로소득 방지'보다 '경영의 연속성'과 '자본 이탈 방지'를 선택한 것이다.

과도입법 해소

얼마 전 내가 아는 한 기업의 CEO는 직원 중 한 명이 '주 52시간 근무제'를 어겼다는 이유로 노동조합에 의해 고발당했다. 직원한 명의 야근으로 사장이 법적 처벌을 받게 될 처지가 된 것이다. 그는 "직원 한 명 한 명에게 카메라를 달아놓고 감시하지 않는 이상 사장이 어찌 다 막을 수 있느냐?"며 하소연했다. 고발까지 가게된 노사 간의 사정이 있을 수 있겠지만, 이는 과도한 CEO 형사 처벌 규정의 단면이다.

과도한 법적 제재는 기업의 도전정신을 죽일 수 있다. 혁신은 불확실성을 감수한 도전에서 나온다. 그러나 우리나라 기업인들은 사업적 불확실성이 두려워서가 아니라, 사법적 처벌의 가능성 때문에 도전을 주저하는 경우가 많다. 이런 법은 기업가가 아닌 '관리자'만 양산하는 법이다.

2019년 한국경제연구원의 조사에 따르면, 국내 경제 법률의 형사 처벌 항목 중 83%, 2,000개가 넘는 항목에서 CEO도 회사와 같이 처벌하도록 규정되어 있다. 285개 경제 법률을 조사한 결과, CEO에 대한 처벌 규정 2,657개, 그중 2,205개(83%)는 기업 및 CEO를 중복 처벌하는 과잉 규정으로 보인다. 불법 행위는 벌 받아야 마땅하다. 경영자가 악의로, 또는 알면서도 법을 어긴다면 단죄해야 한다. 그러나 직원 한 명의 위법을 CEO까지 함께 처벌하는 것은 과하다.

2021년 1월 8일 국회를 통과한 '중대재해처벌법'의 내용 중에는 하도급업체의 안전사고에 대해 원청업체 최고경영자를 형사 처벌하는 등 공동책임을 묻는 조항이 있다. 물론 안전사고의 50% 이상이 하도급업체에서 발생하고 있는 상황에서 그 예방을 위해 원청업체도 일정 부분 책임을 지는 게 당연하다. 그러나 도급 사고의 원인은 대부분 하도급업체의 안전관리 역량 부족, 도급비 부족에 따른 안전관리 소홀에서 비롯되기 때문에 직접 도급 현장을 관리할 수 없는 원청의 사업주를 사고가 난 후에 엄벌한다고 해서 저절로 예방될 문제가 아니다.

나는 당과 국회에서 중대재해처벌법을 논의할 당시 "안전사고 예방에 초점을 맞춘다면, 하도급업체의 안전관리 역량을 높이는 것이 합리적이다."라며 전문기술 보유 업체 인증 제도를 그 대안으로 제시한 바 있다. 즉 원청업체가 일정 수준의 안전관리 역량을 인정받은 하도급업체에 충분한 도급비를 지급해 업무를 위탁하게 하고, 이러한 조치를 한다면 원청업체에 공동책임을 묻지 말자는 것이다.

2020년 나는 이처럼 과잉 처벌 규정들을 합리적으로 개선하기 위해 민관, 국회가 함께 나서는 '기업인 氣 살리기 프로젝트'를 추진하자고 제안했다. 법무부를 주무 부처로 공정위와 금융위 등 유관부처와 국회 법사위원, 민간 법률전문가, 규제개혁위원 등으로 범정부 TF를 구성, 기업인 처벌 규정을 전수 조사하고 개선책을 마련하자는 것이었다. 또 벌금과 과징금 등 행정 처분이 부과되는 행위에 대해 형사 처벌을 중복 부과할 필요가 있는지, 고의성이 없고 경미한 범죄행위는 과태료 등 금전적 수단으로 대체할 방법은 없는지 따져보자고 제안했다.

나는 '배임죄'에 대해서도 그 취지와 개정을 고민해봐야 한다고 생각한다. 특히 '경영판단의 원칙'을 명문화하는 것을 검토할 필요가 있다. 대통령에 대해서도 '통치 행위'는 그것이 혹여 잘못된 결과를 초래해도 처벌하지 않는다. 하루하루가 전쟁터인 기업 현장에서의 의사결정이란, 전문적 지식의 바탕 위에서 위험을 감수하며 전격적으로 이루어진다. 이 결정의 결과로, 즉 성공이냐 실패냐에 따라 CEO를 처벌하는 것은 무리가 있다. 기업과 경영자의 위법행위에 의한 피해가 경제적인 것이라면, 처벌보다는 피해자들의 손해 구제를 우선하는 대안적 제재도 고민해 볼 수 있다.

공정거래법에 규정된 '동의의결제도'도 같은 맥락이다. 동의의 결제도는 기업이 자진해서 피해 원상회복을 포함한 시정방안을 제안하고 공정위가 시정방안의 타당성을 인정할 경우 사건을 종료하는 것이다. 예를 들어 불공정거래행위로 경쟁업체와 소비자가 피해를 볼 경우, 현재는 공정위가 과징금을 통해 시정조치를 한다. 그러나 과징금이란 결국 국고로 환수될 뿐, 정작 피해 당사자들에게는 도움이 되지 않는다. 따라서 동의의결제도를 통해 소비자 등 피해자에게 직접적인 보상과 혜택이 돌아가도록 하는 것이 더 바람직하다. 동의의결제도를 더 활성화하고, 하도급법 등 유사 분야로 확대하는 것도 검토해 볼 수 있다.

좋은 사례가 있다. 2021년 2월 공정위가 동의의결제에 따라 애플의 자진 시정안을 받아들인 일이다. 애플이 통신 3사에 광고비, 보증수리 촉진비를 떠넘긴 행위에 대해 공정위가 조사에 착수하자, 애플이 2019년 6월 동의의결을 신청했고 공정위가 1년 7개월 만에 자진 시정안을 수용했다. 애플의 자진 시정안에는 1천억 원 규모의 상생 협력기금을 마련해 이를 아이폰 유상수리 비용(10% 할인), 중소기업 대상 R&D 지원센터 설립(400억 원) 등에 쓰겠다는 내용이 담겼다.

또한 위법 행위에 따른 피해구제에 초점을 맞춘다면, 동의의결제와 같은 취지로 기업에 대한 사회봉사명령제를 별도의 독립된 제재 수단으로 도입하는 것도 대안이 될 수 있다. 위반행위 시 처벌을 줄여주거나 불기소하는 대신 기업에 피해구제를 위한 기금설립이나, 소비자 보호 프로그램 시행 등 피해구제 활동을 명령하는 것이다. 실제로 영국에서는 법에 별도의 제제 수단으로 사회봉사명령제를 규정하고 있다.

법은 범죄를 막기 위한 것이지 범죄를 만들기 위해 있는 것이 아니다. 단 한 명도 어기지 않는다고 좋은 법이 아니다. 만인이 위반한다고 나쁜 법도 아니다. 법은 원칙과 상식 그리고 미래를 위해 만들어지고 적용되어야 한다. 기업과 경제가 중요하다면, 적어도 기업가의 도전정신을 막는 법은 다시 생각해봐야 한다.

민관 협력 강화

가끔 돌연변이처럼 집안의 가풍이나 가정환경에 상관없이 비상한 아이가 나오기도 하지만 대부분의 '잘난' 아이는 경제력을 떠나 좋은 가정교육과 환경에서 나오기 마련이다. 기업도 마찬가지다. 가끔 주위의 도움 없이 혁신적인 기업이 툭 튀어나오기도 하지만 대부분의 혁신 기업은 사회 문화나 정부의 지원으로 등장한다.

혁신을 주도하는 핵심 주체는 기업이다. 그러나 기업인들이

띌 수 있는 환경을 만들어 주고 혁신 활동을 뒷받침하는 것은 정부여야 한다. 소위 '슘페터학파'에서 주장하듯이 혁신은 개별 주체만의 힘이 아닌 '혁신체제'가 갖추어져야 가능한 것이다.

영국 유니버시티 칼리지 런던대의 마리아나 마추카토 교수는 2013년 《기업가형 국가》라는 책에서 혁신체제를 만드는 정부의 역할을 강조했다. 그 역할은 크게 '핵심 기술 공급자'와 '인내 자본(patient capital)' 두 가지로 요약된다. 예컨대 터치스크린, GPS 등 디지털 시대의 주요 핵심 기술은 모두 미국 국방성의 지원에 의해 탄생했다. 정부가 바로 '핵심 기술 공급자'가 되어준 것이다.

기업과 달리 정부는 장기간의 위험 부담을 감수할 수 있고 따라서 기초기술, 원천기술에 투자하는 '인내 자본'의 역할을 할 수도 있다. 예를 들어 애플의 아이폰에 탑재된 '시리' 기능은 미국 국방성이 2003년부터 2008년까지 추진했던 군사용 프로젝트 CALO(Cognitive Assistant that Learns and Organizes, 학습과 정리를 도와주는 지능형 개인비서)에서 비롯되었다. 이 프로젝트가 독립되어 벤처기업 '시리'가 출범했고, 애플이 2억 달러에 기업을 인수해 이를 아이폰에 적용했다.

우리나라의 경우, 세계 최초로 상용화 되어 무선통신 시장에서 강자로 우뚝 서는 계기가 되었던 '한국형 CDMA' 기술개발 과정에서 한국전자통신연구원(ETRI)과 국내 기업 간의 활발한 협력이 있었다.

어찌 보면 우리나라의 산업화 과정 자체도 민관협력의 역사였다. 한국과 함께 동아시아 주요 산업국가인 대만과 일본도 민관협력을 통해 산업화를 추진했다.

버클리대 국제학과 교수인 피터 에반스는 "동아시아 경제성장의 핵심 메커니즘은 일본, 한국, 대만에서 나타난 정부와 기업의 협력에 의한 산업화 추진이다."라며 "인도, 아르헨티나, 이탈리아 등 다른 개발도상국과는 달리 동아시아에서는 정부가 기업과 긴밀한 관계를 유지하며 산업 성장 전략과 수출 전략을 함께 모색했고 그것이 후발 산업화를 성공시킨 핵심 요인이다."라고 말했다. 또 보스턴대 사회학과 교수였던 피터 버거는 특히 한국에 대해 '전 세계에서 민관협력을 통해 경제성장을 이루고도 부패로 이행되지 않은 독보적 국가'로 평가하기도 했다. 앞서 소개한 대만의 TSMC도 대만 정부와 민간 기업의 합작품이다.

한국에서는 정치와 경제가 가까이 지내면 '정경유착'이라며 비판한다. 물론 기업이 정치권력과 유착해 특혜를 누리고 범죄를 저지르는 경우도 많았다. 그러나 기술 산업의 시대, 이제 기업과 정부는 가능한 밀접한 사이여야 한다. 과학기술 패권경쟁의 시대에 파고를 넘으려면 정부와 민간이 함께 고민해야 할 일들이 너무 많다. 기초기술부터 산업기술까지, 미래의 기술 로드맵을 어떻게 만들 것인가, 기업과 정부 및 출연연은 각각 어떤 역할을 맡아야 하는가, AI 등 첨단산업 분야의 인력 부족 사태를 어떻게 해결할 것인가, 첨단산업부터 제조, 서비스업 전반에서 불합리한 규제는 무엇이며 어떻게 개선할 것인가 등 민관과 정경이 머리를 맞대고 논의해야 할 일들이 한둘이 아니다.

이제 이 시대에 맞는 합리적이고 합법적인 정경협력 시스템을 고민해야 한다.

02

컨트롤타워,
산업기술부총리

"일각에서는, 우리 반도체 산업이 위기에 봉착한 이유 중의 하나로 국가 차원의 컨트롤타워 부재를 꼽기도 합니다. 제가 누가 진두지휘를 하느냐 묻는 이유입니다.

반도체 산업의 밸류체인이 정말 복잡하지만 그럴수록 민첩하게 기관 간 역할을 조정하고 일사불란하게 지휘할 컨트롤타워가 필요합니다."

또 하나의 노무현 정신, 과학기술

'노무현 정신'은 무엇일까? 대통령 노무현이 이루고자 했던 꿈은 무엇일까? 수많은 정치인이 '노무현 정신'에 대해 말한다. 그것은 '지역주의 극복' '특권 타파' '반칙 없는 나라' '사람 사는 세상' '탈권위와 수평적 리더십' '상식이 통하는 사회' '깨어있는 시민의 조직된 힘' 등이다. 유시민 노무현재단 이사장은 한 인터뷰에서 '노무현 정신'을 묻는 기자의 질문에 "첫 번째는 힘없고 연약한 이들에 대한 연민, 두 번째는 그런 사람들 위에 군림하는 부당한 권위에 대한 분노다."라고 말하기도 했다. 모두 맞는 말이다. 그만큼 노무현 대통령은 그를 사랑하는 수많은 사람에게 각각의 유훈을 남기고 홀연히 떠났다.

나는 다른 측면으로 노무현 대통령을 존경한다. 엔지니어 출신인 내가 생각하는 '노무현 정신'도 따로 있다.

"과학기술을 부단히 혁신해 '제2의 과학기술 입국'을 이루겠습니다."

- 노무현 대통령 취임사

"성장발전의 전략으로 저는 첫 번째로 과학기술 혁신을 꼽습니다. 두 번째는 경제 시스템이고, 세 번째는 사회문화 혁신, 네 번째는 동북아 허브, 다섯 번째는 지방화를 꼽습니다. 과학기술은 국가 경쟁력을 위한 첫 번째 과제이자 핵심적 과제입니다."

- 노무현 대통령, 2003년 3월

"오늘부로 과학기술부 장관을 부총리로 승격합니다. 이제 과기부총리가 정부 정책의 웬만한 일에는 다 참여하게 됐으니 더 큰 결과를 기대하겠습니다."

- 노무현 대통령, 2004년 10월

역대 대통령 중에 과학기술에 가장 관심이 많았던 이가 바로 노무현 대통령이다. 그는 평소에도 "과학기술에 대해 동경심과 존경심을 가지고 있다."고 자주 말했다고 한다. 과학기술에 대한 노 대통령의 진심이 담겨있는 대표적인 사례가 2004년 과학기술부 장관을 '부총리'로 격상한 파격이다.

노 대통령은 과학기술부총리에게 막강한 권한을 부여했다. 과학기술 정책을 총괄·기획·조정·평가하고 연간 6조 원이 넘는 국가 R&D 예산을 조정하고 19개 부처(청)에 배분하는 권한이다. 또한 과학기술 관계부처 장관회의를 신설, 산업자원부와 정보통신부 등 관계부처의 과학기술 정책 업무의 중복을 조정하고 사후 평가하는 등 상급 감독기관으로서 역할을 수행토록 했다.

이뿐 아니다. 노 대통령은 과학기술부총리를 과학기술 정책의 최고 의결기관인 국가과학기술위원회(위원장 대통령) 부위원장으로 앉혔다. 전 세계적으로 전례를 찾아보기 힘든 조직이라고 평가받는 '과학기술혁신본부(본부장 차관급)'를 신설, 부총리를 실무적으로 뒷받침하면서 차세대 성장동력산업에 대한 총괄 업무 맡겼다.

과학기술부총리 제도는 노무현 대통령이 취임 초기부터 추진했던 사안이라고 한다. 2003년 12월 오명 과학기술부 장관을 임명하면서도 부총리 승격을 예고했지만 실제 시행된 것은 2004년 10월이다. 실행이 늦어진 것은 기존 정부 부처 공무원들의 저항 때문이었다. 당시 제도 도입 실무를 이끌었던 김태유 교수(초대 대통령 정보과학기술 보좌관)는 그때의 어려움을 이렇게 회고했다.

"나는 과학기술부장관을 부총리로 승격시켜 기존의 기재부 장관 겸 부총리와 함께 급한 일과 중요한 일을 나누어 담당케 하는 투톱 체제를 추진했다. 그러면 두 부총리가 자신이 맡은 일에 제각기 최선을 다할 것이기 때문이다. 수석보좌관회의와 각료회의의 반대에 부딪혔지만 다행히 노무현 대통령이 내 제안을 받아들여 과학기술부총리 제도를 신설할 수 있었다.

가장 큰 문제는 예산이었다. 디지털, 바이오, 나노 등등 4차 산업혁명에 대한 배경지식이 부족한 예산실 사무관들이 난도질하듯 쪼개서 배분한 예산으로는 미래산업과 과학기술을 제대로 발전시킬 수 없었다. 그래서 과학기술부 산하에 가칭 기술혁신본부를 설치하고 과학기술과 연구개발에 관련된 예산을 통째로 이관시켰다. 그러자 기획재정부를 비롯한 공직사회 곳곳으로부터 거센 반발이 터져 나왔다."

노무현 대통령은 이러한 저항을 극복하고 끝내 과학기술부총리 제도를 관철했다. 대통령의 철학과 의지가 없었다면 불가능한 일이었다. 그는 과학과 기술력이야말로 한국의 경제를 성장시킬 가장 큰 힘이라고 믿었고 이를 실현하기 위해 최선을 다했다. 이런 노무현 대통령이 내게 남긴 유훈은 바로 '과학기술 패권국가 대한민국'이다.

과학기술계 원로들의 부탁

어렵게 이뤄진 과학기술부총리 제도는 이명박 대통령의 '실용정부' 들어 사라지고 말았다. 이유는 '실용'이었다. 행정부의 모든 부처가 연구개발 사업을 하는 마당에 선진국에서도 찾아보기 어려운 부총리급 과학기술부가 무슨 필요가 있느냐는 명분이었다. 당장 과학기술계가 들고 일어나 폐지를 반대했지만, 대통령과 정부의 고집을 꺾기에는 역부족이었다.

이명박 대통령은 부총리 폐지뿐 아니라 과학기술부를 해체했다. 그리고 그 기능을 기획재정부, 지식경제부, 교육과학부로 분산시켰다. 과학기술혁신본부의 국가 R&D 사업에 관한 기획·평가·예산 배분권을 기획재정부로, 산업기술 개발업무 등은 지식경제부로, 기초과학 육성업무와 고급인력 양성업무는 교육과학부로 이관했다. 명백한 퇴행 개편이었다. 이를 두고 한 언론은 "실용이 과학을 죽였다"라고 썼다.

2012년 당선된 박근혜 대통령은 '미래창조과학부'를 신설, 자신의 핵심 국정 철학이자 경제기조인 '창조경제론'의 전면에 내세웠다. 과학기술부총리 제도를 떠올리며 반기는 사람이 많았지만, 노무현 대통령이 만들었던 '과학기술 전담 행정부처'와는 거리가 있었다.

2013년 3월 박근혜 대통령 초청으로 청와대에서 각계 원로 10명과의 간담회가 열렸다. 그 자리에는 김영삼 정부에서 과학기술처 장관을 지낸 김시중 교수(2017년 작고)도 있었다. 그가 박근혜 대통령에게 당부한 말이 특별하다.

"박정희 전 대통령의 과학기술에 대한 각별한 관심을 본받아 주십시오."

박정희 전 대통령은 1966년 한국 과학기술계의 뿌리, KIST(한국과학기술연구원)를 서울 홍릉에 설립했다. 우리나라 과학기술 발전을 선도하는 정부 출연 연구원 대부분이 KIST에서 비롯되었다. 초대원장인 고 최형섭 박사는 해외 우수 석학들에게 "가난한 조국이 그대들을 기다린다."라고 설득해 인재를 유치하기도 했다. 박정희 대통령은 KIST 연구원들에게 당시 최고 수준의 보수와 자율권을 보장했다.

KIST는 선진 산업기술을 추격해 한국의 산업기반을 만들었다. 특히 철강, 전자, 조선, 중화학공업, 자동차공업 등 한국을 이끌어가는 산업기술의 계획을 수립하여 가난과 기아에 허덕이던 한국을 성장시켰다. 대한민국이 이룬 '한강의 기적'의 바탕에 KIST가 이끈 과학기술이 있다고 해도 과언이 아니다. 한 연구논문에 따르면, 1966년부터 2012년까지 KIST가 창출한 사회경제적 파급효과가 595조 원에 달한다고 한다.

"이 전쟁을 누가 지휘합니까?"

2020년 8월 나는 더불어민주당 전당대회에 출마하며 노무현 정부의 과학기술부총리와 같은 맥락의 '산업기술부총리 제도의 신설'을 공약으로 내걸었다. 한 달 후 9월 국회 대정부질문에서는 국무총리에게 한국 산업기술을 이끌 컨트롤타워의 필요성을 역설했다. 문재인 정부가 발표(2020년 7월)한 경제 그랜드비전, '한국판 뉴딜'에 관한 각 정부부처의 현재 역할이 모호하다고 지적하기도 했다. 그때 국무총리의 대답은 한마디로 "나름대로 컨트롤타워가 있다."는 것이었다. 더 확실한 사령탑이 있어야 한다고 믿었던 나는 지금까지 일관되게 당과 청와대, 그리고 언론에 '산업기술부총리'의 필요성을 강조하고 있다.

2021년 4월, 나는 당의 요청으로 다시 한 번 국회 대정부질문에 나섰다. 당시는 미국과 중국이 부족한 시스템 반도체 공급망 확보를 위해 패권 경쟁을 심화하고 있던 때였다. 나는 국무총리 대행에게 이렇게 물었다.

"반도체 패권 전쟁이 3차 세계대전이라는 데 동의하십니까?"

"네, 그렇습니다."

"그러면 이 전쟁을 진두지휘할 사람이 누구입니까?"

국무총리 대행은 제대로 답하지 못했다. 나는 다시 물었다.

"진두지휘할 분이 누구라고 생각하십니까?"

"네, 일단 지금 현재 산업 분야는 산업부장관님이 (진두지휘)합니다. 그렇지만 범정부적으로 경제부총리인 제가 경제장관회의에서, 그리고 빅3(차세대 반도체, 미래차, 바이오헬스) 추진 회의에서 집중

2021년 4월 국회 대정부질문 당시의 모습

적으로 함께 다루고 있습니다."

대답은 열정적이었지만, 정부에 산업과 기술에 관한 컨트롤타워는 없다는 말처럼 들렸다.

"다시 질문하겠습니다. 반도체 전쟁에 대비하기 위해서는 정부 부처간에 원활한 업무협력이 중요합니다. 지금 산자부, 과기부, 중기부, 4차산업혁명위원회, 디지털혁신비서관, 산하 기관들 간에 역할 분담이 어떻게 됩니까?"

"산자부는 반도체 산업의 주무 부처입니다. 과기부는 R&D, 중기부는 대기업과 중소기업의 연결 문제를 맡습니다. 산자부, 과기부, 중기부, 기재부가 빅3 추진 회의를 격주로, 수시로 진행하고 있습니다. 거기서 산업계의 애로사항과 육성 지원 방안을 체계적으로 지원하고 있다고 생각합니다. 의원님이 말씀하신 4차산업혁명위원회는 참여하지 않습니다."

더 확실한 정부 컨트롤타워가 필요하다고 생각한 나는 이렇게 조언했다.

"일각에서는, 우리 반도체 산업이 위기에 봉착한 이유 중 하나로 국가 차원의 컨트롤타워의 부재를 꼽기도 합니다. 제가 누가 진두지휘를 하느냐 묻는 이유입니다.

반도체 산업의 밸류체인이 정말 복잡하지만 그럴수록 민첩하게 기관 간 역할을 조정하고 일사불란하게 지휘할 컨트롤타워가 필요합니다. 반도체 전쟁이 정치·외교·안보 등 복합적 양상으로 확전되고 있습니다.

앞에서 뛰는 기업도, 뒤에서 미는 정부도 지휘자 간 확실한 리더십을 갖고 신속하게 대처해야 합니다. 이에 실패하면 우리는 일본의 반도체 실패를 답습할 것입니다. 지금 우리 정부는 부처별로 정책이 분산되어 있습니다. 전쟁터에 나간 우리 대표 기업은 진두지휘할 장수도 없이 싸우고 있습니다. K-반도체의 내부 리더십이 총체적 난국이 아닌가 걱정이 됩니다."

산업기술부총리, COO가 필요하다

따지고 보면, 경제부총리가 미래 산업 전략 전반을 책임지는 것은 어색하고 비효율적인 일이다. 경제부총리 겸 기획재정부 장관은 미시·거시적 차원의 경제 지표들을 관리하고, 통화·재정 정책을 총괄하는 자리이기 때문이다. 기업으로 따지면, 최고 재무 담당 책임자인 CFO(Chief Financial Officer)에 해당한다.

물론, 정부조직법에 따르면 기획재정부 장관은 중장기 국가발전 전략수립, 경제·재정정책의 수립·총괄·조정, 예산·기금의 편성·집행·성과관리, 화폐·외환·국고·정부회계·내국세제·관세·국제금융, 공공기관 관리, 경제협력·국유재산·민간투자 및 국가채무에 관한 사무를 관장한다고 되어 있다. 그러나 기획재정부 장관이 하는 업무의 방점은 국가 재정 편성 및 관리에 찍혀 있다.

기업의 CFO는 집행과 운영보다는 지원과 감시의 역할을 맡는다. 재정의 지원자면서 동시에 방만한 경영을 방지해야 하는 레드팀의 역할도 겸해야 한다. 기획재정부 장관도 마찬가지이다. 재정의 지원과 감시에 특화된 각료인 그에게 미래 산업 전략의 운영과 집행까지 맡기는 것은 쉽게 납득이 되지 않는 비효율적 조치다.

나의 결론은 이렇다.

정부에 기업의 최고운영책임자인 COO(Chief Operating Officer)의 역할을 할 수 있는 별도의 미래 산업 컨트롤타워를 설치해야 한다. 특히 정부가 선정한 미래전략산업 빅3를 위해서는 산업 현장을 가장 잘 이해하고 미래 변화에 기민하게 대응하면서 오롯이 빅3에만 몰두할 수 있는 COO가 있어야 한다.

내가 주장하는 '산업기술부총리'가 그 답이라고 생각한다. 이는 빅3를 이끌 운영 책임자이자 컨트롤타워다. 산업과 과학기술의 전반적인 관점에서만 현 상황을 총체적으로 바라볼 수 있는 사령탑이 생기면 분절적이고 단기적인 관점이 아닌 최대한 종합적이고 장기적인 안목에서 산업·기술·과학 정책을 추진할 수 있다.

이는 비단 빅3 뿐만 아니라 한국판 뉴딜로 촉진된 우리나라의 산업구조 개편을 성공적으로 마무리 짓기 위한 길이다. 산업기술부총리는 빠르게 변화하는 산업 통상 전략의 집행과 운영을 주도적으로 이끌고 나갈 수 있을 것이다.

경제·사회·산업기술로 각각 구성된 3부총리 체제가 만들어지면 정부 조직 혁신에도 긍정적인 영향을 미치게 된다. 3부총리 체제에서는 정부 부처 간 칸막이를 최소화하는 대(大)팀제적 성격의 정부 조직 운영이 가능해지기 때문이다. 이렇게 되면 범부처적으로 대응해야 할 국가 현안이나 국책 사업이 발생했을 때마다 별도의 TF를 구성할 필요가 줄어든다. 평시에도 3부총리 체제에서는 대팀제와 같은 협력적인 부처 운영이 상시로 가능해진다.

산업기술부총리가 포함된 3부총리 아래에서는, 부처 이기주의에 빠지게 될 위험이 줄고 목표 지향성에 방점을 둔 효율적인 정부 조직 운영이 가능해질 것이다. 이번 정부에서는 불가능하더라도 다음 정부에서는 정부조직법을 고쳐 반드시 산업기술부총리를 신설해야 한다. 결정과 집행의 효율과 속도가 관건인 4차 산업혁명 시대, 산업기술부총리제 도입은 선택이 아닌 의무다.

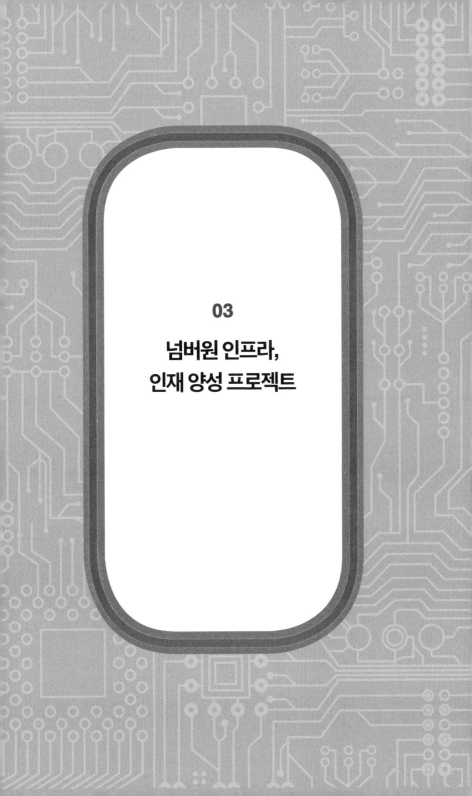

03

넘버원 인프라,
인재 양성 프로젝트

———————————————— 목표를 분명하게 세우고 그에 걸맞은 과학기술 인재를 육성하기 위해서는, 과학기술 인재가 중심이 된 지휘부를 세우는 일이 절실하다. 그런 다음 지휘부의 인력들이 인재육성 사업의 목표에 최대한 도달할 수 있도록 학교와 연구소를 이끌고 지원해야 한다. 그것이 정치와 행정이 대한민국 미래 인재 양성을 위해 펼쳐야 할 가장 시급하고 중요한 과제다.

4차 산업혁명, 사람이 필요하다!

젊은이들의 이공계 기피 현상이 이어지면서 관련 산업의 인력 부족 사태가 날이 갈수록 심각해지고 있다. 특히 우리 산업의 중추인 반도체 분야 인력 부족 상황은 심각하다 못해 존립 기반을 위협하는 수준이다.

4차 산업혁명의 초입에 접어들면서 인공지능, 빅데이터, 사물인터넷, 로봇 등 산업 전반에 걸쳐 첨단 반도체 수요가 급증하고 있다. 이에 따라 반도체 기업마다 각 산업에 대응할 제품의 연구·개발을 위해 인재 영입에 열을 올리고 있지만, 수급이 좀처럼 쉽지 않은 상황이다.

해를 거듭할수록 상황이 악화하는 데도 대학에서 배출하는 인력은 턱없이 부족하다. 국내 전체 이공계 학·석사는 인구 감소와 이공계 기피 영향 등으로 2017년 9만3천 명에서 2019년 8만8천 명으로 감소했다. 그중 전기전자, 재료공학 등 반도체 유관 전공 인력 역시 2017년 3만7천 명에서 2019년 3만5천 명으로 감소세가 확연하다. 전 세계 경쟁 기업들도 상황이 비슷한 터라 외국에서 인재들을 영입하는 일도 만만치 않다.

기업마다 인재가 부족하다고 아우성인데, 왜 우리의 젊은이들은 이공계를 기피하는 것일까? "문송합니다(문과라서 죄송합니다)."라는 자조 섞인 말을 되뇌는 문과 출신보다야 취업에서 다소 유리하겠지만, 공부는 버겁고 일은 힘든데 일부 대기업을 제외하고는 처우가 기대만 못 하고 직업적으로도 안정적이지 않다는 생각이 크다. 그러다보니 이공계를 졸업한 청년들 중에는 원래의 꿈을 버리고 안정적인 공무원이 되기 위해 시험을 준비하는 경우도 적지 않다.

"벌써 9년째 공무원 시험 준비 중입니다."

국가공무원인재개발원 원장으로 재직하던 시절, 반가운 손님이 찾아왔다. 삼성전자를 그만두기 직전 마지막으로 본 성균관대 반도체 시스템공학부 출신 인턴 청년이었다. 친정 식구를 만난 것처럼 기쁘고 즐거워 안부를 물었다.

"회사는 요즘 어때?"

그러자 고개를 숙이며 답했다.

"인턴 후 (삼성전자에) 입사하지 않아 잘 모릅니다. 벌써 9년째 공무원 시험 준비 중입니다."

성균관대 반도체 시스템공학부가 어떤 학과인가? 삼성전자가 취업을 보장하며 미래 인재를 키워내기 위해 설립한 학과다. 이미 많은 학생이 이 학과를 졸업한 후, 인턴을 거쳐 반도체 산업의 유망한 인재가 되었다. 그런데 이미 정해진 미래를 포기하고 공무원 시험을 준비 중이라니…. 충격이었다.

"저뿐만 아니라 다른 친구들도 공무원 시험 준비를 하는 사람이 많아요."

충격은 절망이 되었다. 물론 공직에도 이공계 출신 공무원이 필요하다. 산업 현장에 든든한 지원군 역할을 하기 위해 이들의 이해와 공감은 필수다. 하지만 모든 청년이 고시·공시에만 집중한다면 인재 배분에 심각한 문제가 생긴다. 산업 현장에서 연구개발과 신기술로 미래 경제를 이끌어야 할 인재들이 사라지게 되기 때문이다. 더구나 이들의 노력이 뒷받침되어야 할 신산업 분야는 성장이 더욱 둔화할 수밖에 없다.

어쩌다 이렇게 되었을까?

수포자(수학 포기자), 물포자(물리 포기자)를 양산해내는 획일화된 주입식 교육이 첫 번째일 테고, 밤낮없이 공부하고 연구해도 제대로 된 처우를 받지 못하는 경우가 비일비재하다는 점도 문제일 것이다. 주위에서 서울대, 카이스트에 입학하고 나서 의대 진학을 목표로 학교를 그만뒀다는 이야기가 심심찮게 들려온다. 어렵사리

공대를 졸업하고 난 이후에도 안정된 직장을 찾아 공무원 시험에 몰두하는 학생들이 넘쳐난다.

내 주위에서 그리고 신문과 방송 등 매체에서 이런 소식을 접할 때마다 청년과 나라의 장래가 어두운 것만 같아 마음이 무겁다. 그렇다고 안정된 직업을 구하려는 젊은이들의 선택을 무작정 나무라기만 할 수도 없는 노릇이다. 그들에게 먼저 비전을 보여주고, 인재를 귀하게 여기는 정책을 마련해야 한다.

얼마 전 매체를 통해 성균관대학교 중국대학원 안유화 교수의 이야기를 들으며 씁쓸한 생각이 들었다. 중국인인 그녀가 한국에 와서 놀랐던 점 중 하나는 국가를 구성하는 지도층 대다수가 경영학, 경제학, 법학 등 문과 출신들이라는 사실이었다고 한다.

중국의 경우, 정치인을 비롯해 정부기관의 수장들 대부분이 이공계 출신인 경우가 많다. 현재 중국을 이끌고 있는 시진핑 주석도 칭화대에서 화학을 공부한 이공계 출신이고 시진핑 이전에 국가주석을 지낸 후진타오는 칭화대 수리공정학부, 원자바오 총리는 중국 지질대학 지질광산학과를 졸업했다.

이밖에도 중국의 정치, 행정관료 중 상당수가 이공계 출신이다. 이들이 과학자이자 기술자이자 관료로서 쌓아온 경험을 토대로 행정과 정치를 이끌었고, 그 힘으로 중국은 단시간에 세계적인 과학기술 강국의 위치에 올랐다.

미·중·일 과학기술 인재 양성 정책

인재 양성 정책에 있어 경쟁국은 매우 빠른 속도로 우리 앞을 내달리고 있다. 중국은 명문대학인 칭화대에 반도체 단과대학을 설치하는 등 중국 내 유수 대학에 반도체 인재 양성을 위한 시스템을 만들고 지원을 아끼지 않고 있다. 미국, 일본 등 과학 강국에서 첨단 교육을 받은 인재들을 중국으로 불러들이는 '천인계획'을 추진하고, 반도체 파운드리 1위 기업인 대만 TSMC의 인재들을 비롯해 국적과 피부색, 성별, 종교를 따지지 않고 파격적인 대우와 미래를 보장하며 사람들을 빨아들이고 있다.

전 세계 과학기술의 중심이자 최강국인 미국은 연구중심대학 위주로 경쟁력을 강화해왔다. 코넬대학은 나노기술, 버클리대학은 바이오, 카네기멜론대학은 소프트웨어 중심으로 특화되어 있고, 매사추세츠 공과대학(MIT)은 IT(정보통신기술), BT(바이오기술), NT(나노기술) 분야 최고 전문가들을 영입해 전 세계 수많은 기업과 함께 연구를 이어가고 있다. MIT 동문 기업들이 창출해내는 매출은 2010년대 초반에 이미 2조 달러(약 2,200조 원)를 돌파한 것으로 알려져 있다.

일본도 '이공계 인재육성을 위한 산·학·관 행동계획' 등 인재확보를 위한 방안을 수립하고 추진해왔다. 산업계의 요구와 수요에 맞는 인재를 양성하기 위해 산학 공동연구, 혁신적 연구개발 프로그램 등을 도입하였고, 이공계 인재육성을 위해 가장 중요한 초·중등 교육을 위해 산·학·관이 협력하여 어린 학생들이 과학과 기술에 흥미를 느낄 수 있도록 현장 중심 교육과 체험 활동 등을 강화했다. 이와 더불어 연간 5천억 원에 달하는 21세기 COE(Center of Excellence) 프로그램을 도입해 일본 대학을 세계 최고 수준의 연구 교육 거점이자 국제 경쟁력을 갖춘 특성 있는 대학으로 육성하기 위한 노력도 기울였다. 특히 연구중심대학 활성화에 초점을 맞추어 도호쿠대(재료금속), 동경공대(로보틱스) 등 30여 개 연구중심대학에서 이공계 인재육성에 몰두하는 중이다.

인재 양성으로 성장한 반도체 산업

다시 반도체 이야기로 돌아가 보자. 한국경제는 이제 반도체를 빼놓고는 상상하기 어렵다. 반도체 산업의 부가가치는 2020년 기준 109조 원으로 GDP의 5.6%를 차지하고, 수출액은 992억 달러로 전체 수출의 19.4%를 담당한다. 단일 품목 기준으로 압도적 1위다. 반도체 산업이 없었다면, 한국경제의 눈부신 성장도 불가능했을 것이고, 선진국으로 도약하지 못한 채 중진국 함정에 빠져 힘겨운 싸움을 지속했을 것이다. 코로나19 대유행으로 국내외 경제가 어려움을 겪는 와중에도 반도체 수출은 증가세를 유지하며 한국경제의 버팀목이 되어 주었다.

한국의 반도체 산업이 30년 동안 세계를 제패할 수 있었던 비결 중 하나도 바로 인재였다. 우리 정부는 카이스트와 포항공대를 설립하고, 경북대 전자공학과, 부산대 물리학과 등 국립대를 중심으로 이공계 교육 역량을 키웠다. 여기서 배출한 인력들이 한국 반도체 산업을 이끌어온 1세대들이다.

당시 이공계 인재 양성은 국가적 과제였고, 전국 수재들의 제1 지망은 서울대 공대에 진학하는 것이었다. 그러나 지금은 어떤가? 특목고나 과학고, 영재고를 졸업한 수재들이 전국 각지의 의과대학 정원부터 채우는 현실, 반도체 시스템공학부에 다니는 학생이 행정고시를 준비하는 지금의 현실을 그대로 두고 어떻게 이공계 인재 양성의 밝은 미래를 기대할 수 있을까?

인재 양성을 위한 4가지 제언

흔히 교육을 일컬어 '백년지대계'라고 말한다. 백 년을 내다보고 인재를 키우라는 격언이지만, 교육이야말로 하루아침에 성과를 낼 수 없는 과제라는 뜻이기도 하다. 더 늦기 전에 '이공계 인재 양성 시스템을 어떻게 재건할 것인가?' 하는 문제를 고민해야 한다.

우리도 미국, 일본 등 과학기술 선진국에 다가서기 위해 다양한 인재육성 정책을 펼쳐왔다. BK21사업, 누리사업, 세계 수준 연구 중심대학 육성사업 등을 진행해왔고, 특히 2020년 9월부터 시작된 BK21 4단계 사업에서는 세계적 수준의 연구중심대학 육성을 목표로 사업을 추진 중이다. 이 같은 인재육성 사업이 빛을 발해 관련 분야에서 수많은 석·박사를 배출하고 SCI급 논문도 수만 건 이상 발표되었다.

그러나 사업 추진에 있어 대학 간 이해관계가 얽히거나 부당한 편법을 동원하여 실적을 부풀리는 등의 부작용이 발생했고, 평가 기준이 모호하거나 적절하지 않다는 비판에 직면한 것도 사실이다. 특히 문제가 되는 부분은 산업과 학교, 기관, 연구소가 과학기술 인재육성을 위해 어떠한 전략적인 방향과 실행계획을 수립해야 하는지 불분명한 경우가 많다는 점이다.

목표를 분명하게 세우고 그에 걸맞은 과학기술 인재를 육성하기 위해서는, 과학기술 인재가 중심이 된 지휘부를 세우는 일이 절실하다. 그런 다음 지휘부의 인력들이 인재육성 사업의 목표에 최대한 도달할 수 있도록 학교와 연구소를 이끌고 지원해야 한다. 그것이 정치와 행정이 대한민국 미래 인재 양성을 위해 펼쳐야 할 가장 시급하고 중요한 과제다.

나는 그렇게 수립된 과학기술 지휘부가 이공계 인재 양성이라는 시급하고 중요한 문제를 해결하기 위해 다음 네 가지 주제에 집중해야 한다고 생각한다.

첫째, 4차산업에 대비해 반도체 관련 학과를 증설하고 정원을 확대해야 한다.

4차산업 관련해 반도체 수요가 폭증하고 있고 앞으로도 부족 사태가 장기화할 것으로 보이는 만큼, 관련 인재육성을 위해 학과의 증설과 정원 확대가 필수적이다. 현재 여러 대학에서 반도체 학과 설립이나 관련 학과 증원 등을 추진하고 있으나, 교육부의 대학 정원 통제나 다른 학과의 반발 등으로 쉽지 않은 상황이다.

그러나 반도체 인력 양성 문제는 K-반도체의 미래 경쟁력을 위해 반드시 해결해야 할 중차대한 문제다. 기업과 대학이 손잡고 교육과 취업을 함께 해결하는 계약학과의 증설 등을 함께 고민해야 한다. 대학 정원 이슈 또한 선결되어야 할 과제다. 늘어나는 정원에 맞춰 교수 인력 확보 방안 역시 마련되어야 할 것이다. 반도체 업계 종사자들이 대학에서 교수직을 겸할 수 있도록 하는 등 이론과 실무 지식을 겸비한 교수 인력 공급에 대한 실질적인 해법도 필요하다.

향후에는 반도체 계약학과 운영으로 생긴 노하우를 활용해 미래 신산업 분야에서만큼은 기업과 대학이 손잡고 계약학과의 설치와 운영을 확대하는 쪽으로 머리를 맞대고 방법을 찾아야 할 것이다.

둘째, 인재 공급을 위한 산학연계 활동을 강화해야 한다.

삼성전자에 근무하는 동안, 나는 반도체시스템공학과 인재들이 경험을 쌓기 위해 인턴사원으로 근무하는 모습을 지켜보았다. 현장에서 이미 많은 경험을 쌓은 선배들보다는 부족해도, 학교에서 특화된 기술을 배우고 온 그들은 일에 대한 적응력이 빨랐다. 그 덕분에 큰 어려움 없이 순조롭게 협업할 수 있었고, 더 크게 성장시키고 싶을 만큼 욕심나는 인재도 많았다.

미국의 대학들이 산학이 연계된 연구중심대학으로 전 세계를 움직이고 있다는 사실을 모르는 이는 없을 것이다. 학교에서 우수 인재를 양성하기 위해서는 산업 현장의 관심과 지원이 절실하다. 머지않아 닥칠 인재고갈의 위기를 슬기롭게 헤쳐나가기 위해서는 학교와 산업이 함께 연구하고 인재를 육성하는 길이 최선이다.

우수 인재를 육성하지 못한다면 기업의 연구개발 노력은 허황한 꿈일 뿐이다. 설령 해외에서 인재를 데려온다 해도 기술 유출이라는 더 큰 위험을 걱정해야 한다. 외국인 인재를 영원히 한국에 붙잡아두기는 쉽지 않기 때문이다. 실제로 삼성전자 시절 나와 함께 일했던 중국인 인재들은 중국의 반도체 굴기가 시작되기 무섭게 모두 자국으로 돌아가 버렸다.

셋째, 이공계 인재를 빼앗기지 않기 위해 처우 문제를 혁신적으로 개선해야 한다.

"인재 한 사람이 십만 명을 먹여 살린다"

삼성의 반도체 성공을 이끈 고 이건희 회장이 인재의 중요성을 강조하면서 꺼낸 말이다. 인재를 육성하는 일이 중요한 만큼, 육성한 인재가 마음 놓고 능력을 펼칠 수 있도록 처우를 개선하는 일도 중요하다. 특허나 실적 등 자신이 이룬 업적은 특허료와 인센티브 등 합당한 대우로 돌려주어야 한다. 이를 위해 정부도 제도적인 장치를 마련해야 할 것이다. 특히 기업이 미래 주력산업의 연구개발에 적극적으로 투자하고, 인재를 채용해 충분히 대우할 수 있도록 세액 공제 등 기업을 위한 정책을 추진해야 할 것이다.

밤을 새워가며 들인 노력이 충분한 보상으로 돌아오고, 그런 결과가 더 많은 인재를 끌어올 수 있도록 자극하는 선순환을 만드는 것이 기업과 국가와 학교가 미래를 위해 해야 할 일이라고 나는 생각한다.

넷째, 과학기술 전문 관료를 특별채용하고 양성해야 한다.

2003년 참여정부 출범 초기, 이공계 박사 50명을 특별채용해 관련 부서에 사무관으로 전진배치한 일이 있었다. 당시 초대 대통령 정보과학기술 보좌관이었던 서울대 김태유 교수 주도로 진행한 이 일로 고시촌을 비롯해 행정고시, 기술고시 출신 고위 관료들의 반발이 만만치 않았다. 각종 음해와 투서, 중상모략이 이어졌고, 결국 국정감사까지 이뤄지면서 실패한 개혁이 되고 말았다.

그러나 나는 이게 맞다고 본다. 과학기술 인재들을 등용하고 국정의 전면으로 배치하는 일은 나라의 미래를 위해 당연하고 시급한 일이라는 것이 내 생각이다. 국민주권과 민주주의가 시대의 가치였던 시기를 지나 '도약'이라는 시대정신을 구현하기 위해서는 기술을 이해하는 이공계 출신 인재의 등용이 절실하다.

이공계 인재의 등용은 이미 세계적인 대세이기도 하다. 바이든 정부가 국정의 전면에 이공계 인재들을 전진 배치했고, EU를 이끄는 독일은 물리학자 출신 메르켈 대통령이 16년째 국정을 운영하고 있다. 과학기술 분야 초단기 압축성장의 신화를 쓴 중국의 리더와 내각도 이공계 출신들이 맨 앞에 서 있다. 우리도 이공계 인재들이 나랏일의 일선에서 활동할 수 있는 토대를 만들고, 4차 산업혁명 시대를 선도해 갈 수 있도록 더 넓게 문을 열어야 한다.

교육 개혁과 이공계 인재 양성은 국가의 미래를 위해 결코 좌고우면할 수 없는 일이다. 한시라도 빨리 정부와 국회, 대학과 기업이 함께 참여하는 이공계 인재 양성 태스크포스 팀을 결성해 혁신적인 인재 양성책을 마련해야 한다고 나는 생각한다. 그리고 마련한 계획대로 머뭇거림 없이 굳건하게 추진해야 한다.

04

날자 대한민국,
K-테크 2027

———————————————— 이제 우리 정치권이 머리를 맞대고 다음 세대를 위해,
이 나라의 경제 도약을 위해 지혜와 힘을 모아야 한다. 먼 훗날 누군가 우리에게 어떤 나라를 만들었느냐고 묻는다면 자신 있게 대답해 줄 수 있어야 한다.
"우리 자식들이 더 잘사는 나라!"

빅3 맏형, 차세대 반도체

시스템 반도체, 미래차, 바이오헬스는 포스트코로나 4차 산업혁명 시대의 주축이 될 미래 산업들이다. 이번 정부 역시 2019년 이 세 가지를 '빅3 산업'으로 규정하며 집중 육성을 약속했다. 이를 위해 2021년에만 4조2,000억 원의 예산을 투입해 적극적으로 관련 규제 개혁을 추진 중이다.

정부는 2025년까지 파운드리 세계 시장 점유율을 25%로 끌어올리고, 미래차는 133만 대를 보급하며, 바이오헬스 수출액은 300억 달러를 달성한다는 계획이다. 현재 정부는 경제부총리 주재로 2~3주마다 '혁신성장 빅3 회의'를 진행하면서 이 계획을 추진하고 있다. 정부의 전략은 그 자체로 훌륭하다. 전차 군단(전자+자동차)

으로 대표되는 우리의 산업 구조 특성과 코로나19 국면에서 증명된 우리의 인적·물적 바이오 인프라의 우수성을 고려하면, 빅3는 우리가 가장 앞서 있고 또 가장 잘 할 수 있는 분야이기 때문이다. 앞에서 내가 제언한 산업기술부총리와 같은 컨트롤타워가 이를 진두지휘한다면 더할 나위 없다.

먼저 차세대 반도체 분야를 보자. 원래 정부가 선정한 빅3 중 반도체는 시스템 반도체를 뜻한다. 시스템 반도체 분야는 2021년 'K-반도체 벨트 전략'을 통해 체계적인 육성 지원책이 마련되었다. 2030년까지 삼성전자, SK하이닉스 등이 2021년 41조8천억 원 투자를 시작으로 앞으로 10년간 약 510조 원을 투자한다. 아울러 세액 공제, 설비투자 지원, 용수 및 전기 지원, 반도체 특별법 제정, 인력 공급 계획도 충실히 담겼다. 이제 차기 및 차차기 정부가 일관성 있게 이를 추진해야 한다.

내가 빅3 중 반도체를 '차세대 반도체'라고 바꿔 칭하는 이유는, 우리 반도체 산업의 목표에 시스템 반도체 분야 세계 1위 달성뿐만 아니라 현재 세계 정상인 메모리 반도체의 1위 수성도 포함해야 한다고 생각하기 때문이다.

정부는 시스템 반도체를 넘어 미래 반도체 전반에 대한 육성 및 지원책을 펼쳐야 한다. '세계 1위의 회사가 한국에 있으니 알아서 잘되겠지'라는 생각을 버려야 한다. 잠시 한눈을 팔면 순식간에 1위를 빼앗기는 산업이 반도체다. 2020년 11월 메모리 반도체 중

낸드플래시 시장 세계 6위 업체인 미국 마이크론이 삼성전자를 앞질러 176단 낸드플래시를 만들어내기도 했다. 올림픽에서 강세를 보이는 한국 양궁이 출전하는 세계 대회마다 금메달을 따온다고 국민이나 대한체육회가 관심과 지원을 끊는다면 꾸준히 1위를 지키는 것이 과연 가능하겠는가?

현재 반도체 업체가 가장 절실하게 요구하는 부분이 '용수' 문제다. 특히 앞으로 지어질 반도체 공장에 용수가 제대로 공급될 수 있을지 미지수다. 현재 공사 중인 '용인 반도체 클러스터'에 입주하는 SK하이닉스의 반도체 생산시설의 경우, 2025년 1월로 예상되는 팹1 가동 시작 시점에 하루 약 26만 톤, 2033년 이후부터는 하루 약 57만 톤의 용수가 필요하다. 평택 고덕국제화계획지구의

표12 주요 반도체공장 공업용수 하루 필요량

사업장	필요량
삼성전자 기흥·화성	16만 톤
삼성전자 평택1·2·3기	22만 톤
삼성전자 평택 4·5·6기(착공예정)	25만 톤
SK하이닉스 청주 M15	15만 톤
SK하이닉스 이천	23만 톤
SK하이닉스 용인(착공예정)	26만 톤

삼성전자 P5, P6 라인이 가동되는 2025년 12월부터 필요한 하루 용수량도 25만 톤에 달한다. (표12 참조)

정부는 'K-반도체 벨트 전략'의 일환으로 용수 확보 및 폐수처리 등 기반 설비 구축을 선제적으로 지원, 10년 치 용수 물량을 확보하고 하천 점용 허가를 신속 처리하기로 타결했다. 반도체 팹의 안정적 가동에 필요한 용수 물량을 '2040 수도정비 기본계획'에 먼저 반영하고, 관로 구축에 필요한 하천 점용 허가를 신속하게 처리할 방침이다.

그러나 여기에는 두 가지 어려움이 있다. 첫째 지자체의 민원이다. 현재 용인시에서 이용 중인 광주·용인 공동취수장 및 공동관로 증설과 용인정수장 증설 등을 검토해 줄 것을 제안했지만, 하남시에서 용수관 공사로 인한 통행 및 소음 불편 등을 이유로 난색을 보이고 있는 상황이다. 안성시 역시 용인 반도체 클러스터 내 SK하이닉스 용수의 안성천 방류로 인한 시민들의 안전 문제를 제기하고 있다.

두 번째는 정부의 반대다. 2020년 반도체 업계가 산업부에 용인 클러스터와 삼성전자 반도체 공장을 연결하는 광역 상수도망 정부 예산 지원을 건의했으나 기획재정부의 반대로 무산되었다. 수도권 공업시설에 정부 예산이 투입된 사례가 한 번도 없었다는 것이 그 이유다.

이 때문에 SK하이닉스의 경우, 자체적으로 3,000억 원을 투입해

공업용수로 구축 사업을 추진하고 있지만, 해당 지역 주민들이 매일 배출될 수십만 톤의 오·폐수를 우려해 대책 마련을 촉구하면서 사업이 지연되고 있다.

물이 없으면 수십조 원짜리 반도체 공장도 무용지물이다. 'K-반도체 벨트 전략'에는 이렇게 사소해보이지만 중요한 문제에 대한 해결책도 반드시 포함되어야 한다.

미래차는 바퀴 달린 스마트폰

새 자동차를 구입한 친구가 자랑을 한다.

"이 차는 3,000cc야. 제로백은 5초지!"

미래에는 자동차의 자랑거리가 달라진다.

"얼마 전 내 차에 새 게임을 설치했어. 배터리 용량은 한번 충전에 1,000km야."

과거 자동차의 차별점은 크기나 디자인, 마력, 토크와 같은 물리적, 기계적 성능이었다. 미래 자동차는 자율주행을 비롯한 다양한 운전자 지원, 배터리 성능, 인포테인먼트 및 지능형 연결 등 소프트웨어와 고급 전자 장치로 구현되는 각종 기능이 핵심이다. 예를 들어 미국 테슬라의 경우, 자율주행 중에 영화와 방송(Tesla Theater)을 즐길 수 있는 시스템을 갖추고 있다. 다른 차량의 유저와 게임도 즐길 수 있다. 이동과 재미, 소통이 공존하는 것이 미래차다. 그래서 미래차를 바퀴 달린 스마트폰이라고 부른다.

미래차 산업은 현재 테슬라의 독주 속에 IT 회사 및 완성차 업체들이 속속 뛰어들고 있는 형국이다.

애플이 2024년 전기 자율주행차 출시를 예고한 가운데, 자동차 OEM과 자율주행차 관련 협력 의사를 타진하며 개발 속도를 높이고 있다. 구글의 웨이모는 스텔란티스, 볼보, 다임러 트럭 등 자동차 OEM과 파트너십을 확대하고 있다. 아마존은 2020년 인수한 자율주행 스타트업 ZOOX를 통해 자사의 첫 자율주행 택시를 2020년 말에 공개했고, MS는 GM의 자율주행 계열사인 크루즈에 투자하기로 했다. 중국에서는 빅테크 3사(바이두, 알리바바, 텐센트)가 자동차 OEM과 전기차·자율주행차 관련 조인트벤처를 설립하는 등 협력을 강화하고 있고 화웨이, 폭스콘 등도 관련 투자를 진행해 나가고 있다.

이처럼 자동차 산업의 판도가 엔진과 기계 기반에서 반도체와 배터리 기반으로 빠르게 바뀌고 있다. 기계식 하드웨어 중심에서 전장과 소프트웨어 중심 산업으로 변화하고 관련 시장도 급속도로 성장하고 있다.

기계 장치 중 동력을 전달하는 '파워트레인'의 경우, 구동 모터, 배터리, 유·무선 충전기 시장이 커지고 있고, 계기판에 해당하는 '통합 콕핏' 분야는 디지털 콕핏, 인포테인먼트, 무선통신 시장이 확대되고 있다. 안전장치의 경우, 에어백과 안전벨트를 대신해 운전지원시스템(차선 감지 등), 자율주행시스템 시장이 커지고 있다. 자동차 IT 관련 전장 시장은 2018년 1,282억 달러에서 2025년 2,570억 달러(285조 원)에 이를 것으로 예상된다. 생산 시스템도 소수 제조사 중심의 폐쇄적인 구조에서 글로벌 분업 구조로 바뀌고 있다.

미래차를 한국의 대표 산업으로 만들기 위해 우리는 무엇을 해야 할까? 산업 패러다임이 빠르게 변화하는 시기에는 기업들이 기회를 놓치지 않도록 정부의 규제 혁파와 R&D 지원 등 과감한 육성 전략이 필요하다.

아날로그에서 디지털 전환하는 시기에 삼성전자가 도약했고, 피처폰에서 스마트폰으로 전환하는 시기에 애플이 부상했다. 자동차 산업 전환기에도 한국기업이 글로벌 분업구조에 참여하고 주도할 수 있도록 정부가 힘껏 지원할 필요가 있다.

미래차 신산업이 한국에서 꽃을 피우려면 최대한 규제가 없어야 한다. 2020년 일명 '타다 금지법' 통과 이후 플랫폼 운송사업 분야에서 새로운 비즈니스를 추진하겠다는 업체가 등장하지 않고 있다. 법이 기술을 따라가지 못해 신산업을 죽이는 결과를 초래해서는 안 된다. 자율주행 등 신기술 요소 도입과 관련한 규제를 완화해 한국을 세계의 테스트베드로 만들어야 한다. 도요타는 이미 'Woven City 프로젝트'를 통해 자율주행차와 친환경 에너지만 사용하는 '커넥티드 스마트 시티(Connected Smart City)'라는 테스트 베드 건설을 계획하고 있다.

미래차 관련 R&D와 인재채용 등에 인센티브를 부여하고 세액공제도 실시하는 것이 합리적이다. 전기차 확대 관련 불편과 부담을 줄이는 차원에서 충선 인프라를 늘리고 보조금 등을 확대 지원하는 것도 필요하다.

바이오헬스는 경제이자 안보다

세계는 지금 고령화 심화, 난치질환 증가, 그리고 신종플루·사스·메르스·코로나와 같은 감염병 창궐로 골머리를 썩이고 있다. 바이오헬스는 이러한 인류의 난제를 해결할 열쇠이자 국부를 창출할 보물단지다. 바이오제약 시장규모는 2017년 2,526억 달러에서 2024년 4,416억 달러(450조 원)로 커질 전망이다. 이렇게 엄청난 고성장 산업을 주도한다면 우리 경제는 확실한 도약의 발판을 마련할 수 있다. 정부가 빅3에 바이오헬스 산업을 포함한 이유가 여기에 있다.

2021년 코로나19 백신 확보 전쟁을 겪으며 우리는 자국 내 필수 의약품 생산거점을 확보하는 일이 얼마나 중요한지 깨달았다. 2021년 5월, 문재인 대통령과 함께 미국을 방문한 삼성전자와 SK

하이닉스, LG에너지솔루션과 SK이노베이션 등 대기업이 미국에 약 128억 달러(14조 원) 투자를 결정한 이유는 사실상 미국이 가지고 있는 백신 때문이었다. 코로나19 팬데믹 시대 이후, 의약품은 돈과 무기를 대체하는 '경제'이자 '안보'다.

바이오헬스는 양질의 일자리를 창출한다. 고도의 과학기술과 의학이 접목된 인재 집약 산업이다. 대기업과 벤처기업의 협력을 통해 동반 성장이 가능한 상생형 산업이기도 하다. 연구기관 또는 벤처기업이 신약 후보 물질을 개발하면 대형 제약사가 이를 상용화하기 때문이다.

한국도 늦지 않았다. 합성 의약품에서 바이오 기술로 패러다임을 전환하면 후발국인 우리에게도 얼마든지 기회가 있다. 합성 의약품 분야에서 미국은 200년 역사를 자랑하는 독보적 국가다. 그러나 바이오 기술 분야는 1980년대 이후 설립된 암젠과 바이오젠 등 바이오벤처들이 글로벌 제약사로 성장했다. 바이오 기술이 1990년대부터 본격 상용화된 신흥 기술인 까닭이다.

한국은 시장 규모와 기업 매출 관점에서 글로벌 10위권의 제약 국가다. 고급 연구 인력도 풍부하다. 바이오 관련 석·박사 비율 25%로 타 산업 대비 9%나 높다. 하지만 한국은 아직 합성 의약품 위주이고 중소 제약사 중심으로 산업구조가 형성되어 있어서 경쟁력이 아직 약하다. 바이오제약 글로벌 톱10에 랭크된 한국 기업도 아직 없다.(미국 6개, 유럽 4개)

바이오헬스 분야의 기초 과학기술 역량도 부족하다. 연구 역량 면에서 생명공학 글로벌 100위 이내에 든 한국 대학은 서울대 한 곳뿐이다. 논문 실적도 세계 12위권이다. 제약 부문 공공 R&D 투자는 2,337억 원으로 민간 투자의 17%에 불과하다. 미국의 경우, 34.2조 원으로 민간 투자 대비 37%에 이른다.

바이오헬스 제품은 상용화 되기까지 임상시험, 감독기관 승인 등 오랜 과정을 거쳐야 한다. 창업에서 IPO(기업공개, 주식상장)까지 다른 산업에 비해 상대적으로 시간이 오래 소요되기 때문에 정부의 장기적이고 대대적인 지원책이 필요하다.

다행히 우리 정부가 바이오헬스를 제2의 반도체 산업으로 육성하기로 결정했다. 2021년 5월, 정부는 바이오헬스를 반도체와 같은 '핵심전략기술'에 포함시켜 R&D와 시설투자에 대해 6~16%의 세액공제를 적용하기로 했다. 현행 신성장·원천기술 투자에 대한 세액공제에 비해 세제지원이 두 배 이상 확대되는 것이다.

이제 전주기적 개발부터 상용화까지 바이오헬스 생태계를 구축해야 한다. 바이오 기술 기반 벤처 설립을 전담 지원하는 '액셀러레이터'를 송도, 오송, 대덕 등을 중심으로 구축하고 이를 지속해서 확대해야 한다. 국내 선도 기업이 멘토링을 지원할 수 있는 체계도 만들어야 하고, 상용화 지원을 위한 '신약 펀드' 운영도 고려해야 한다.

바이오헬스 핵심 인프라 구축도 중요하다. 우선 바이오 전문인력 양성센터를 짓자. 정부·대학·기업 간 역할을 분담해 정부는 시설 투자와 운영비 지원, 대학은 학위과정 운영, 기업은 채용 등을 맡게 해야 한다. AI 등을 활용한 데이터 기반 신약개발 플랫폼도 만들어야 한다. 품질 검사, 바이러스 테스트, 안정성 평가 등 다양한 실험분석 서비스를 제공하는 '국공립 연구지원센터' 설립도 급선무다.

바이오헬스 산업은 빅데이터 구축이 필수적이다. 정부는 2021년 6월부터 2028년까지 약 1조 원을 투입해 100만 명 바이오 빅데이터를 구축하겠다고 밝혔지만, 인지도와 관심 부족으로 참여한 사람이 아직 5천 명에 불과하다. 빅데이터 구축 사업을 위한 효율적인 홍보와 독려가 필요하다. 미래 시대를 위한 국가 규모의 사업인 만큼, 인지도를 높이고 사업에 대한 공감대도 형성해야 한다. 이 중 하나만 빠져도 바이오헬스 산업은 세계를 선도하기는커녕 따라갈 수도 없다.

다음 정부 5년이 국운을 가른다

시간이 없다. 미래 산업은 시간 싸움이다. 1등을 놓치면 2등이 아닌 변방으로 밀려난다. 흔히 말하는 '초격차'도 기술계에서는 불과 몇 개월 차이다. 빅3 산업은 승자독식 구조가 분명한 산업이다.

과학기술 전쟁을 패권 전쟁이라고 일컫는 것도 이와 무관하지 않다. 승자가 모든 것을 갖는다.

흔히 반도체 산업을 타이밍 산업이라고 한다. 단기·중기·장기적 관점에서 준비해야 할 것들이 모두 다르다. 본질적으로 기술 영역이기 때문에 한 번의 커닝으로 잠깐 1등을 할 수는 있어도 오랜 시간 시장을 석권해낼 수는 없다. 그래서 반도체 산업은 속도전임과 동시에 장기전이다.

미래차와 바이오헬스 산업 역시 마찬가지다. 이 분야 첨단 기술을 주도할 인재 양성에만 최소 10년 이상 걸린다. 기술 혁신은 수많은 실패 위에 쌓아 올린 축적된 노력의 산물이다. 인재를 언제 어떻게 양성해낼지, 어떤 기업을 인수하고 합병할지, 많은 결정들을 동시다발적으로 해야한다. 그러나 시간은 많지 않다.

우리의 경쟁 기업들은 분·초 단위의 의사 결정 구조로 기민하게 대응한다. 그런데 우리가 하루, 일주일 단위로 결정이 계속 늦어진다면 수년 후 몇십조 원을 손해 볼 수도 있다. 모든 판단이 빨라야 한다. 심지어 정확해야 한다. 남들이 고민하고 있을 때 우리는 판단을 내려야 한다. 그래야 조금이라도 앞서갈 수 있다. 그 작은 차이가 나중에 초격차로 나타난다.

다행히 한국은 지금 깨어 있다. 2020년 차량용 반도체 부족으로 촉발된 세계적인 반도체 패권 전쟁이 우리 정부에 큰 각성제로 작용했다. 2021년 5월, 향후 10년을 내다보는 'K-반도체 벨트 전략'

이 수립·시행되었고, 같은 선상에서 빅3 산업에 대한 육성·지원책도 속속 마련되고 있다. 우리 산업 역사상 정부가 이렇게 역동적으로 앞장서 뛰었던 때가 있었던가? 적어도 열정과 기세만큼은 우리가 이미 경쟁에 앞서고 있다.

이제 다음 정부가 과학기술의 바통을 이어받아 죽을 힘을 다해 뛰어야 한다. 만약 차기 정부가 방향을 바꾸거나 안일하게 멈칫거린다면, 그래서 과학기술 경쟁력을 잃고 이 패권전쟁에서 패배한다면, 우리는 미래 시장의 일부를 잃는 것이 아니라 모든 것을 잃게 될지 모른다. 그것이 과학기술 패권전쟁의 숙명이다. 이겨야 한다. 아니 이겨야 산다. 국운이 달린 일이다.

기업에만 모든 책임을 떠넘길 수도 없다. 떠넘겨서도 안 된다. 정부 홀로 이 거대한 전쟁을 이끌어 갈 수도 없다. 정치권의 협력은 물론 산업계, 학계, 연구계의 힘도 필요하다. 야당도 예외일 수 없다. 전시에 국론 분열은 곧 패배다. 과학기술 전쟁은 정쟁으로부터 자유로워야 한다. 국론을 하나로 모을 때, 이 전쟁에서 승리할 수 있다.

반도체 세계대전은 기미조차 보이지 않던 돌발 전쟁이 아니다. 2019년 일본의 반도체 소재 규제, 2020년 미국의 화웨이 제재 등 전조가 있었다. 두 사건 모두 단순한 일회성 다툼이 아닌 승자가 모든 것을 독식할 때까지 오래 싸울 수밖에 없는 장기전이다. 반도체 산업 국가전략 마련, 산업·기술·통상 전략을 총괄할 산업기술부총리 체제 도입, 3+1협의체(당·정·청+경제계) 출범 등을 국회의원 당선 때부터 계속해서 주장해온 이유다.

우리는 이 전쟁에서 이겨야 한다. 과학기술 패권은 신(新)식민주의다. 여기서 패배하면 그 짐을 다음 세대가 모두 짊어지게 된다. 식민지에서는 젊은이들의 희생이 필연적으로 따를 수밖에 없다. 선진국에 짓밟히고 기술 강국에 유린당한 처참한 역사를 우리 자식들에게 물려줄 수는 없다.

다음 5년은 미래 50년, 100년을 결정하는 시간이다. 다음 정부 임기인 2027년까지 빅3 핵심 산업을 1위 궤도에 안착시키고 4차 산업혁명을 성공시킨다면, 한국 경제는 다시 고성장 시대로 접어들 것이다. 중진국에서 선진국으로, 추격국가에서 선도국가로 나아갈 것이다. 기업마다 양질의 일자리가 가득하고, 그 풍요로운 기회 안에서 우리의 청년들이 맘껏 꿈을 펼칠 것이다. 교육 격차는 줄어들고 고질적인 양극화도 잦아들 것이다. 세대 간의 갈등도, 계층 간의 반목도 대폭 사라질 것이다.

부모가 자식에게 궁극으로 원하는 것은 내 품에 오래 머무는 것이 아니다. 자립이다. 부모의 품을 떠나 부모보다 더 잘살고 더 행복하게 사는 것이다. 부모가 그 곁을 떠나도 자기가 만든 행복한 세상에서 웃으며 살아가는 것이다.

이제 우리 정치권이 머리를 맞대고 다음 세대를 위해, 이 나라의 경제 도약을 위해 지혜와 힘을 모아야 한다. 먼 훗날 누군가 우리에게 어떤 나라를 만들었느냐고 묻는다면 자신 있게 대답해 줄 수 있어야 한다.

"우리 자식들이 더 잘사는 나라!"

과학기술인에게 보내는 편지

　과학기술은 미래를 여는 문입니다. 그러나 한국은 아직까지 과학기술을 국가 운영의 중심축에 둔 적이 없습니다. 우리 정치가 과거 논쟁에서 벗어나지 못하는 것도 과학기술을 중요하지 않게 생각하기 때문입니다. 정부와 공공기관에도 과학기술 인재가 드물고, 각 정당에도 과학기술 분야 전문가가 귀하고, 국회에도 관련 과학기술 출신 의원들이 거의 없습니다. 국가적 의사결정에서 과학기술의 우선순위가 뒤로 밀리고 있습니다.

　수많은 아이들이 과학자와 엔지니어를 꿈꿉니다. 그러나 대학에 갈 때쯤 그 꿈은 현실의 벽에 부딪혀 사라지고 맙니다. 우수한 학생들이 의대로 진학하고, 이공계 대학을 졸업한 인재들은 공무원 시험을 준비합니다. 지금도 과학기술계 석·박사 연구인들은 박봉에 시달리며 미래에 대한 불안에 떨고 있습니다. 이대로라면 대한민국의 미래는 없습니다. 머지않아 한국은 다른 선진국이 과학기술적 성취로 이룬 산업발전과 경제성장을 구경만 하는 신세가 될지 모릅니다.

　이에 저는 다음 세 가지에 대한 동의를 구합니다.

　첫째, 과학기술인의 꿈을 펼칠 토대를 획기적으로 키워야 합니다.

과학기술 관련 직업의 처우와 안정성을 높여야 합니다. 의사보다 더 대우받고 공무원보다 더 안정적인 직업으로 만들어야 합니다. 이를 위해서는 정부의 과감한 투자와 지원이 필요합니다. 전반적인 교육 시스템을 바꿔야 하고, 기업과 대학도 더욱 긴밀하고 효과적인 협력체계를 구축해야 합니다.

둘째, 과학기술을 국정 운영의 중심에 세워야 합니다.

정권이 바뀔 때마다 과학기술도 부침을 겪습니다. 역대 정부마다 과학기술이 가장 중요한 경제성장 동력이라고 말하지만, 구체적인 정책과 시스템으로 이를 실천한 정부는 많지 않습니다. '과학기술 입국'을 불가역적이고 핵심적인 정부 철학으로 만들어야 합니다. 과학기술인들이 단합된 목소리로 이를 요구해야 합니다.

셋째, 과학기술인이 정치의 전면에 나서야 합니다.

말로 바뀌는 것은 없습니다. 호랑이를 잡으려면 호랑이굴로 들어가야 합니다. 정치를 외면만 할 것이 아니라, 정치로 직접 뛰어들어가 과학기술계 정치세력화의 기반을 다져야 합니다. 정책을 바꾸려면 정부와 지자체에 과학기술인이 많아져야 하고, 법을 바꾸고자 하면 국회에 더 많은 과학자와 엔지니어가 있어야 합니다.

　과학기술인 여러분!

　20대 대통령 선거가 다가옵니다. 사회 모든 영역 사람들이 각자 자신들의 숙원과 현안을 대선 국면의 가장 중요한 이슈로 만들기 위해 고군분투 중입니다. 대통령 공약으로 채택시키고, 새 정부의 핵심 국정운영 과제로 선정시키기 위해 최선을 다하고 있습니다. 우리 과학기술계는 이를 위해 어떤 노력을 하고 있습니까?

　저의 세 가지 주장에 동의하신다면, 이번 대선에 적극적으로 참여해주십시오. 과학기술 발전을 위한 우리의 주장을 아무도 '영역 이기주의'라고 비판하지 못할 것입니다. 우리의 요구는 다음 세대를 위한 것이고, 경제성장을 위한 것이며, 정치발전을 위한 것입니다. 만약 이번 대선이 미래 경쟁이 아닌 이념·지역·계층·성별이 편을 나누어 싸우는 소모전으로 진행된다면 대한민국은 과거로 갈 것입니다.

　다음 대통령은 과학기술을 중시하는 과학기술 대통령이어야 합니다. 다음 정부는 과학기술을 우선하는 과학기술 정부여야 합니다. 대한민국이 공정과 복지를 넘어 위대한 도약의 시대로 나아갈 수 있도록, 세계 경제와 안보를 주도하는 '과학기술 패권국가'로 도약할 수 있도록 여러분이 힘을 모아주십시오. 이 땅의 과학인, 기술인, 경제인, 산업인, 기업인이 뭉치면 불가능이 무엇입니까?

양향자 올림

부록

과학기술 관련
인터뷰와 칼럼

삼성전자 임원 출신
양향자 민주당 의원의 '반도체 국부론'

(2021년 6월호)

예전부터 반도체 위기론은 있었다. 고(故) 이건희 삼성전자 회장은 "5년에서 10년 후 무엇으로 먹고살 것인가를 생각하면 등에서 식은땀이 난다", "지금 삼성을 대표하는 사업과 제품은 10년 안에 사라질 것이다. 다시 시작해야 한다"며 조직에 긴장감을 불어넣었다. 이 회장은 '스톡데일 패러독스'(막연한 낙관을 배제하고 냉혹한 현실을 받아들이는 토대 위에서 생존을 도모)에 입각한 경영인이었다. 이 회장이 위기를 부르짖을수록 삼성전자는 더 잘나갔다. 이런 경험이 쌓이다 보니, 다수 국민의 머릿속에 '삼성전자 걱정은 하는 게 아니라'는 인식이 뿌리내렸다.

'반도체 슈퍼 사이클', '10만 전자' 등 삼성전자는 그 어느 때보다 장밋빛 예측 속에서 2021년을 맞았다. 모두가 보고 싶은 것만 보려 하던 이 시기에, '위험하다'고 외치는 목소리가 뜻밖의 공간에서 들렸다. 양향자(54) 민주당 의원이었다. 양 의원은 반도체 메모리설계실 연구보조원으로 시작해 2014년 메모리사업부 플래시개발실 상무로 올라섰다. 국내에서 손꼽히는 반도체 설계 전문가다. 2016년 1월 민주당이 인재로 영입했고, 2020년 총선에 출마(광주 서구을)해 당선됐다.

연초 양 의원과 통화할 일이 있었다. 용건 외에 그는 할 말이 더 있는 듯했다. 1시간 가까이 삼성전자의 반도체 산업이 지금 얼마나 위태로운지를 역설했다. 월드컵 우승팀이라도 약점은 있는 법이니, 당시 시점에서는 '실적에 취하지 말자'는 경계론처럼 들렸다. 그러나 시간이 흐를수록 그때 양 의원의 격정토로는 기우가 아니라 팩트에 가까워지고 있다.

4차 산업혁명 시대에 주요국들이 반도체의 중요성을 절감하고 있고, 심지어 안보자원처럼 활용하려 든다. 이 격렬한 흐름에서 삼성전자가 한 발짝만 잘못 내디디면, 이는 곧 대한민국 경제에 치명상일 수 있다. 정부여당 차원에서도 '반도체 1등이 당연한 게 아니다'라는 공감대가 형성되고 있다. 민주당은 4월 21일 '반도체 기술특별위원회(이하 반도체 특위)'를 출범시켰다. 양 의원은 위원장을 맡았다.

5월 10일 국회 의원회관에서 양 의원과 만났다. '위기'라고 진단이 나왔으니 '대책'이라는 처방이 나와야 할 시점이다. 정부는 반도체를 어떻게 도울 수 있을까. 대한민국 국회의원 300명 중 이 의문에 대해 구체적 답을 들려줄 수 있는 사람은 한 명뿐이다.

반도체 공급이 수요를 따라가지 못 하는 슈퍼 사이클에 진입했는데도 위기론이 나온다.

"4차 산업혁명의 모든 산업, 자율주행자동차, AI(인공지능), AR·VR(가상·증강현실), 바이오, 커머셜, 휴대전화, TV 등에 반도체가 들어갈 수밖에 없다. 반도체를 두 가지로 나누면 메모리 반도체와 비메모리(시스템) 반도체가 있다. 우리나라는 메모리 반도체에서 30년 가까이 1등을 했다. 삼성전자나 SK하이닉스는 메모리 반도체가 강한 회사다. 메모리반도체는 데이터센터나 서버에 어마어마하게 필요하다."

반도체 슈퍼 사이클은 위기이자 기회

문제는 시스템 반도체에서는 우리가 1등이 아니라는 점이다.
"어떤 한 회사가 전체 반도체를 다 하기는 어렵다. (우리는)메모리 반도체에 집중해왔다. 그런데 비대면 사회가 되면서 시스템 반도체가 필요한 영역이 훨씬 더 빠르게 늘어났다. 이 상황에 우리는 대응을 못 하는 구조다. 게다가 메모리 반도체 분야에서 중국, 미국, 대만 등 경쟁업체가 늘어나고 있다. 우리의 시장점유율이 줄어들 수 있다. '그러면 시스템 반도체를 더 키워야 하지 않겠느냐'고 얘기하는데 그게 하루아침에 안 된다. 왜냐하면 기술 장벽이 워낙 높기 때문이다. 메모리 반도체와 완전히 다른 영역이다. 메모리 반도체는 소품종 대량생산이고, 시스템 반도체는 다품종 소량생산이다. 그래서 비메모리 반도체가 훨씬 더 어렵다."

반도체 산업 분야별 시장 점유율 순위 (2020년 기준)

	한국	미국	대만
메모리	1	2	4
파운드리	2	3	1
AP(모바일 중앙처리장치)	4	1	2
생산량 기준	2	5	1
매출 기준	2	1	4

자료 : 한국반도체디스플레이기술학회

삼성전자는 시스템 반도체 분야에 2030년까지 133조원을 투자하겠다고 선언했다. 삼성전자는 가전, 스마트폰, 반도체 등에서 후발주자로 출발했지만 역전시킨 경험을 가지고 있다.

"메모리 반도체는 저장을 담당하고 비메모리 반도체는 연산과 다른 전체 컨트롤 기능을 한다. 비메모리가 더 어렵다. 삼성도 메모리와 LSI(Large Scale Integration, 대규모 집적회로) 사업부가 있었는데 메모리 쪽은 훨씬 더 적은 인원으로 잘할 수 있었다. 그래서 그쪽에 집중하고 (메모리 사업부) 이익이 훨씬 더 많이 나왔다. 인텔, 파운드리(시스템 반도체 위탁 생산) 업계의 TSMC, 이런 회사를 대한민국이 따라가기 어려운 구조다. 그래도 삼성에 기회가 있는 것은 메모리 반도체에서 쌓은 제조 기술이 있기 때문에 파운드리에서도 어느 정도는 따라갈 수 있을 것이란 확신이 있기 때문이다."

지금 시대에 삼성전자에서 이병철·이건희 같은 카리스마 리더십을 기대하긴 어렵다.

"'패스트 팔로어(Fast Follower)에서 퍼스트 무버(First Mover)로 가자'는 얘기는 반도체에서는 1993년부터 나온 화두다. 어떻게? 조직문화, 교육 등 익숙한 것과 결별해야 한다. 추격자의 방식은 이제 통하지 않는다. 이병철·이건희 회장은 철학자였다. 그분들은 '개발 기간이 어떻고, 뭘 개발하고' 이런 걸 묻지 않았다. '반도체 설계로 어떻게 세상을 디자인할 것인지'를 물어봤다. '세상 사람들을 이 반도체 안에 다 초대하겠다'는 가치와 철학이 있어야 되는 일이다."

반도체에 철학을 담는다?

"권오현 전 삼성전자 회장이 쓴 [초격차]의 '격(格)' 자는 품격의 '격'이다. '기술은 기술자의 격에서 나온다'는 뜻이다. 퍼스트 무버가 되면 패러독스 소사이어티(Paradox Society, 모순사회)와 직면한다. 예를 들면 기억 용량은 커져야 하는데 사이즈는 작아져야 하고, 속도는 빨라져야 하는데 전력 소모는 작아져야 하고, 성능은 좋아지는데 가격은 싸져야 한다. 이런 모순적 상황을 극복하기 위해서는 고수가 필요하다. 축적된 기술을 가진 고수들이 그동안 해오던 익숙한 것과 결별하면서 새로움을 탄생시킨다. 출발점과 목표점만 남겨놓는 것이다.”

“TSMC 잡으려면 인재 수급부터”

단도직입적으로 묻겠다. 삼성전자는 대만 TSMC를 따라잡을 수 있을까?

“(단호하게) 못 따라간다. TSMC는 파운드리에서 축적된 기술 기둥이 있다. 우리가 그걸 세우려면 최소 15년은 해야 한다. TSMC는 메모리 반도체를 못 한다. 서로의 영역에서 기술 기둥을 쌓아왔던 것이다.”

삼성전자가 파운드리에 사활을 걸고 있음에도 TSMC와의 시장점유율 격차가 더 벌어지고 있다.

“이미 15년 전부터 (현장에서 요구하는 기술력에 훨씬 못 미치는 탓에) 대한민국 대학에서 첨단기술 분야 인재를 쓸 수 없는 상황이 돼버렸다. 기술 인재는 하루아침에 안 된다. 국내 교육은 과거를 답습하고, 수월성 교육도 없고, 첨단 기술에 대응할 수 있는 인재를 키우는 것도 아니다. 그래서 삼성은 일본·러시아·중국 등 해외 인재들을 '오픈'해서 썼다. 중국 학생들이 미국에서 공부해서 자국으로 돌아가는 것보다 삼성으로 오는 게 훨씬 더 대우가 좋았다. 그러나 지금은 거의 한 명도 안 남았다. 다 자국으로 갔다. 왜냐하면 반도체 굴기 이후 중국이 엄청나게 투자하며 인재들을 소환했다."

국제정치학 측면에서 대만 TSMC는 미·일 동맹 틀 안에서 움직인다. 반면 삼성전자는 독자노선인 것 같다.

"왜냐하면 삼성은 중국이란 마켓이 있기 때문에 함부로 할 수 없다. 그러니깐 더 어렵다. 대만은 확실한 동맹을 미국과 하겠다고 결정한 것이다. 미국이 삼성전자한테 '여기 와서 투자하고 공장 지어라' 하면, 안 할 수 없다. 왜냐하면 시장이 거기 다 있기 때문이다. 반도체와 관련해 대한민국이 미국에 정말 필요한 나라라는 확신을 주지 못하면 굉장히 위험해진다. 일개 회사의 일이 아니라 국가적 차원에서 봐야 한다. 이제는 반도체가 국방력, 외교력이다."

한·미 정상이 반도체와 코로나19 백신을 거래해야 한다는 주장도 나온다.
"저급한 의견이다. 우리의 나이브(naive)한 생각이다."

삼성전자의 반성

메모리 반도체의 D램과 낸드플래시는 경쟁국에 추격당하고 있다.

"(낸드플래시에서) 삼성전자는 128단을 설계하고 있는데 미국 마이크론은 176단을 분양하고 있다. 기술로서는 추월당했다. 플래시메모리는 채널 홀을 뚫는 기술이 있다. 삼성전자는 128단까지 한 번에 뚫는 기술(원 스택 방식)만 고집했다. SK하이닉스와 마이크론은 투 스택 방식을 개발했다. (삼성전자가) 기술이 없어서가 아니라 단가를 생각하면 한 번에 뚫어서 스텝을 줄여줘야 가격에 유리하다. 다른 회사는(삼성전자와 같은 방식으로 붙으면) 어렵기 때문에 투 스택방식을 선택했다. 삼성에 나도 전화해봤더니 긴장을 많이 하더라. '우리가 안일했다'는 얘기를 많이 들었다."

정부와 민주당 차원에서도 위기감을 체감하는 듯하다.

"내가 민주당 전체 의원 채팅방에 계속 이슈를 올린다. 최근에 '반도체를 한 기업의 이슈로, 산업만의 이슈로 보면 민주당과 대한민국에 큰 재앙을 불러올 수 있다. 국가적 차원에서 안보의 관점으로 생각해야 한다'고 올렸다. 바이든 미국 대통령이 왜 삼성을 부르며, 왜 삼성이 미·중 사이에서 불안한 상태로 있어야 되는지, 이런 것들이 다 반도체 이슈다. (이 사안의 중요성을) 국민들에게 어떻게 환기시킬지, 반도체 특위를 통해 해야 될 것 같다."

석유 등 에너지 자원처럼 반도체가 일종의 무기가 될 수 있는 세상이 됐다.

"이제는 외교관들도 기술을 모르면 외교가 안 된다. 국방·안보도 마찬가지다. 반도체는 'The Winner Takes It All(승자독식)'이다. 삼성은 메모리 반도체만으로도 얼마든지 살아갈 수 있다. 삼성은 해외에다 공장 짓고, 삼성에 근무하는 사람은 행복하다. 그러면 (그 이외의) 우리 국민은 어찌할 것인가? 국가의 존립을 담보해내려면 반도체밖에 없다. 내가 '반도체 전쟁의 컨트롤 타워가 누구냐?'고 대정부질문 때 물었더니 아무도 답변을 못 했다. 정부 정책은 다 파편화돼 있고, 대표 기업(삼성전자 지칭)은 수장도 없이 뛰고 있다."

'칩스 포 코리아'의 조건

반도체 특위에서는 규제완화와 특별법, 투 트랙을 제안하고 있다.

"시행령으로 풀 수 있는 부분은 5월 중으로 취합해 정부와 협의한 뒤 6월에 대통령께 건의하겠다. 다른 방법은 특별법인데 9월 본회의 때 상정해야 하기 때문에 8월까지 준비하겠다. 더 중요한 건 인재다. 반도체 기술 인재가 없다. 수도권 대학은 정원 규제에 막혀있다. 빨리 풀어야 한다. 삼성전자가 메모리 반도체에서 1등할 수 있었던 계기는 기술 로드맵과 인재 로드맵이 항상 함께 있어서였다. 그게 15년 전부터 깨져버렸다. '왜? 삼성은 알아서 잘하는데',

이랬다. 그동안 삼성이 (고육지계로) 외국 엔지니어를 썼다는 걸 몰랐을 것이다."

'삼성에 좋은 일이 나라에도 좋다'는 공감대가 필요할 것 같다. 운동권 출신이 많은 민주당에서 받아들여질 수 있을까?

"그게 정치가 할 역할이다. 누구든 분배, 복지는 얘기할 수 있다. 그러나 '혁신과 성장 쪽에서 파이는 어떻게 만들 것이냐'에 대한 얘기는 우리 당에서 메신저가 없는 셈이다."

그런 역할을 하라고 문재인 대통령이 양 의원을 발탁했다고 볼 수 있지 않나?

"기술 패권을 갖는 대한민국을 만드는 게 나의 소명이다. 이 중요성에 대해서 고민하고 제대로 알려 드리고, 정치권에서 해야 될 역할을 제대로 만드는 것이다."

파격을 넘어 초파격적 지원을 말했다.

"반도체는 물류비용이 크지 않다. 어디에다 공장을 지어도 상관없다. 대한민국에 지어야 생태계가 살아날 거 아닌가. '칩스 포 아메리카(CHIPS for America Act, 미국의 반도체 지원법)'처럼 칩스 포 코리아, 우리나라 기업한테 더 유리한 조건을 마련해줘야 한다. 해외에서 하는 파격보다 더 인센티브가 있어야 한다. 교육부·기재부와 얘기해서 초파격적인 인재 육성 프로그램을 만드는 것도 병행돼야 한다."

반도체는 사이클이 있지 않나?

"물론 있지만 지금은 의미가 없어졌다. 반도체가 전방위적으로 필요하게 됐다."

공장을 지으면 경영자 입장에서 나중에 사이클이 떨어질 때 리스크로 돌아올 수 있지 않을까?

"차량용 반도체를 개발하기 위해 투자했다고 가정하자. 투자하는 시기 동안 다른 차량용 반도체 회사들은 이미 가지고 있는 기술력으로 훨씬 더 빠르게 내놓을 수 있다. 이 위험요소를 오롯이 기업에만 책임지라고 할 것인가. 어떻게 정부가 지원할지도 포함돼야 한다. 메모리 반도체는 유저들과의 관계에 관한 로드맵이 아주 정밀하게 돼 있다. 기술은 항상 공급자와 수요자가 함께 가야 한다. 그게 안 돼 있으면 시장 개척이 힘들다."

일각에선 혜택을 줘서 공장을 짓게 해봤자 자동화 탓에 고용이 많이 안 늘어난다고 한다.

"많은 정치인이 삼성에서 반도체를 해도, 다 자동화돼 있고, 사람도 채용 안 한다고 얘기한다. 저급하고 무지에서 나오는 발언이다. 반도체 장비 하나를 개발하기 위해서 붙어 있는 연구원이 엄청 많다. 또 드러나지는 않지만 반도체 일자리 생태계는 어마어마하다. 삼성만 바라보고 '사람 얼마 안 쓰는데'라고 판단해서는 안 된다."

"정부 조직개편은 기술부총리 신설부터"

삼성전자가 얽혀 있는 반도체 생태계에는 3500여 개에 달하는 중소·중견 기업들이 있다.

"(2019년 7월 일본의 반도체 관련 소재·부품·장비 수출 규제를 계기로) 소·부·장 기업들을 전부 리스트업해서 실력이 어느 정도인지 파악했다. 큰 예행연습을 한 것이다. 우리가 가지고 있는 경쟁력과 약점이 무엇인지, 우리가 단기·중기·장기로 할 수 있는 일이 무엇인지 이런 게 다 나와야 한다. 지금 정부 조직도 이렇게 가서는 절대 안 된다고 생각한다. 반도체 컨트롤 타워가 있어야 한다. 산업·기술·통상을 전반적으로 관할하는 '기술부총리'가 있어야 하고, 인재·R&D·교육·산업이 다 합쳐져야 한다. 반도체 전쟁에서는 하나로 보고 대응해야 한다."

양 의원이 생각하는 정부 차원의 효율적 대응 시스템은 무엇인가?

"우선 정부조직법이 바뀌어 산업자원부, 과학기술부, 중소벤처기업부 등을 모두 아우를 수 있는 부총리가 만들어지면 태스크포스를 꾸리기가 쉽다. 일단은 그렇게 바뀌어야 한다. 교육도 이렇게 가

선 안 된다. 반도체 전쟁에서 이기기 위해서는 교육을 중심으로 생태계를 꾸려야 한다고 생각한다.(반도체를 궤도에 올려놓은 다음에는) 넥스트 프로젝트로 바이오로 가면 된다. 국가 존립, 기술 패권을 위해 정부 조직이 따라줘야 한다. 지금은 너무 취약하다. 산발적인 상태다."

상대적으로 반도체 관련 중소·중견 기업의 경쟁력은 취약하다.

"아직 멀었다. R&D 능력이 없는 한, 중소·중견 기업이 클 수 없는 구조다. 대기업과 중소·중견 기업이 함께 해야 하는 이유다. 대기업의 압도적 R&D에 중소·중견 기업이 협력해야 한다. 여기서 대기업은 무언가를 나눠줘야 한다. 글로벌 시장을 찾는 기능도 해야 한다. 대기업의 역할이 엄청나게 중요한데 우리는 대기업을 '악'으로 본다. 외국처럼 건설적인 M&A(인수·합병)를 하게 해줘야 하는데, 우리는 '큰 놈이 작은 놈을 먹어버렸다'고 인식한다. 거기서 탈피해야 한다."

이재용 삼성전자 부회장 사면론이 끊이지 않는다. 솔로몬의 해법은 무엇일까?

"반도체 전쟁에서 '대한민국이 위기냐, 아니냐'부터 규정돼야 한다. 위기로 본다면 누가 역할이 있을 것인지를 판단해야 한다. 이재용의 역할이 있다고 판단되면 결정권자인 대통령이 결단해서 사면권을 쓰는 거다."

정치적으로 보자면, 사면에 반대하는 국민 여론이 부담스러울 수 있다.

"주객이 완전히 전도됐다. 반도체의 중요성은 사라지고 사면만 정쟁의 도구로 쓰이는 상황은 잘못됐다. 기술을 모르는 분들만 잔뜩 모여서 얘기해봐야 위기 규정이 안 되면 소용없다. 국가는 자꾸 위기로 가고 있는데 거기서 누구를 써야 할지도 모르고 있으면 아무런 의미가 없다. (사면 여부는) 국민적 여론이 아니라 기술 패권 전쟁에 대한 위기의 규정을 할 수 있느냐 없느냐로 가려야 한다. 무엇이 근원인지 봐야 한다."

2021년 4월 20일 대정부질문에서 양 의원은 26분 동안 질의를 했다. 이때 그가 마음속으로 끝까지 망설인 대목이 있었다. "전쟁터에 나간 우리 기업은 리더십 없이 싸우고 있다"라는 문장을 넣을지 말지를 두고 고민을 거듭했다. "결국에는 읽었는데 예상했던 대로 그것만 기사로 나오더라"라며 쓴웃음을 지었다. 이렇듯 이재용 삼성전자 부회장 사면 여부를 놓고 찬성·반대가 팽팽히 갈리며 서로 보고 싶은 것만 보려 한다. 사면 자체의 명분론에 함몰되면 의견이 모아질 수 없다. 양 의원은 사면이 국가 경제에 필요한지를 따지는 실용적 관점으로 접근할 때, 국민적 합의에 이를 수 있다고 본다.

인터뷰를 마치고 일어서려는데 양 의원은 미처 다 전하지 못한 메시지가 남은 듯했다. "기술 패권은 신(新)식민주의다. (여기서 패배하면) 젊은이들의 희생이 필연적으로 따라온다. 나는 엄청나게 무서움을 가지고 있는데 지도자들은 그런 위기의식을 가지고 있는 지 모르겠다."

의대·공시에만 몰리는 이과생, 510조 'K-반도체 벨트' 자칫하면 헛돈다

(2021년 5월 16일)

"벌써 9년째 공무원 시험 준비 중입니다."

국가공무원인재개발원 원장으로 재직하던 시절, 반가운 손님이 찾아왔다. 삼성전자를 그만 두기 직전 마지막으로 본 성균관대 반도체시스템공학부 출신 인턴이었다. 친정 식구를 만난 것처럼 기쁘고 즐거워 "회사는 요즘 어때?" 하고 안부를 물었다. 그러자 이 친구의 얼굴에 잠깐 당혹감이 흘렀다.

"인턴 후 (삼성전자에) 입사하지 않아 잘 모릅니다. 벌써 9년째 공무원 시험 준비 중입니다."

성균관대 반도체시스템공학부가 어떤 학과인가. 삼성전자가 취업을 보장하며 미래 인재를 키워내기 위해 설립한 학과다. 이미 많은 학생이 이곳을 졸업한 후, 인턴을 거쳐 반도체산업의 유망한 인재가 되었다. 그런데 이미 정해진 미래를 포기하고 공무원시험을 준비 중이라니…. 충격이었다. "저뿐만 아니라 다른 친구들도 공시 준비하는 사람이 많아요."

충격은 절망이 되었다. 물론 공직에도 이공계 출신 공무원이 필요하다. 산업 현장에 대한 든든한 지원을 위해 이들의 이해와 공감은 필수적이다. 하지만 모든 청년이 고시·공시에만 집중한다면 인재 배분에 심각한 문제가 생긴다. 산업현장에서 연구개발과 신기술로 미래 경제를 이끌어야 할 인재들이 사라지게 되기 때문이다. 더구나 이들의 노력이 뒷받침되어야 할 신산업 분야는 성장이 더욱 둔화될 수밖에 없다.

반도체산업은 한국경제의 버팀목

한국경제는 이제 반도체를 빼놓고는 상상하기 어렵다. 반도체산업의 부가가치는 2020년 기준 109조원으로 GDP(국내총생산)의 5.6%를 차지하고, 수출액은 992억달러로 전체 수출의 19.4%를 담당한다. 단일 품목 기준으로 압도적 1위(2위는 일반기계 9.4%)이다. 반도체산업이 만드는 일자리는 13만7000여명으로 전체 취업자의 0.5% 수준이지만, 대표적인 고임금 산업(인당 보수 1억4000만원으로 전 산업 평균의 3배)으로 양질의 일자리를 제공한다는 점에서 의미가 크다. 또 반도체산업은 자본집약적이고 기술집약적이다. 경쟁력 유지를 위해 대규모 투자가 필수적이어서 2020년 투자액은 39조7000억원으로 전체 설비투자의 24.2%를 차지한다.

반도체산업이 없었다면, 한국경제의 눈부신 성장도 불가능했을 것이고, 선진국으로 도약하지 못한 채 중진국 함정에 빠져 힘겨운 싸움을 지속하고 있었을 것이다. 특히 코로나19로 국내외 경제가 어려움을 겪는 와중에도 반도체 수출은 증가세를 유지하며 한국경제의 버팀목이 되어 주었다.

한국의 반도체산업이 30년 동안 세계를 재패할 수 있었던 비결은 기업인들의 선견지명과 과감한 투자, 정부 지원 등 수없이 많겠지만, 역시 '사람', 인재를 빼놓고는 얘기할 수 없다. 우리 정부는 그 시절 카이스트와 포항공대를 만들고, 경북대 전자공학과, 부산대 물리학과 등 국립대를 중심으로 이공계 교육 역량을 키웠다. 여기서 배출된 인력들이 한국 반도체산업을 이끌어온 1세대들이다. 당시 이공계 인재 양성은 국가적 과제였고, 전국 수재들의 제1 지망은 서울대 공대에 진학하는 것이었다.

그러나, 지금은 어떤가? 특목고나 과학고, 영재고를 졸업한 수재들이 전국 각지의 의과대학 정원부터 채운 다음 서울대 전자공학과를 가는 지금의 현실. 반도체시스템공학부에 다니는 학생이 행정고시를 준비하는 지금의 현실. 이것을 그대로 두고 반도체의 미래를 낙관할 수 있을까?

510조 투자, 'K-반도체 벨트 구축' 청사진 나왔지만

다행히 정부와 여당이 반도체산업 지원을 위해 요즘 팔을 걷어붙이고 나섰다. 강대국의 기술패권 경쟁 속에 이대로 손 놓고 있다가는 후손들의 미래가 없다는 위기의식의 발로다. 지난 13일 대통령이 삼성전자 평택캠퍼스를 찾았고, 2030년까지 반도체산업에 관련 기업들이 510조원 이상을 투자하는 민관 합동전략의 청사진을 발표했다. 용인 반도체 클러스터를 중심으로 판교와 기흥·화성·평택·온양·이천·청주를 각각 연결하는 'K-반도체 벨트'를 구축하는 것이 핵심이다.

국내 반도체 기업들은 2030년까지 510조원 이상을 투자하고, 정부는 투자 장려 차원에서 연구개발(R&D)의 경우 40~50%, 시설투자는 6~16%의 세액공제 혜택을 줄 계획이다. 전력 공급을 위한 송전선로 비용도 정부와 한전이 각기 절반을 부담한다. 이와 함께 향후 10년간 반도체산업 인력 3만6000여 명을 육성할 방침이다.

미국의 'CHIPS for America Act', 중국의 반도체굴기 등 경쟁국의 반도체산업 지원정책과 견주어 보더라도 세제나 금융, 인프라 지원 면에서 진일보한 정책이라고 평가할 수 있다. 국회도 반도체 지원특별법 등 각종 입법을 통해 반도체산업에 대한 규제 특례를 두고, 기반시설 지원 등을 위한 법률적 근거를 마련하여 힘을 보탤 것이다.

반도체 인력 양성, 하루아침에 이뤄지지 않아

그럼에도 마음 한 켠에 드는 불안감을 감출 길이 없다. 교육은 백년지대계라는 말이 있듯이, 인력 양성은 하루아침에 성과를 낼 수 있는 과제가 아니기 때문이다. 통큰 지원책과 별개로 '한국 반도체산업의 과거 30년을 이끌어온 인재 양성 시스템을 어떻게 재건할 것인가'는 아직 풀지 못한 숙제로 남아있다.

세계 메모리 반도체 시장을 선도하고 있는 삼성전자도 처음부터 최고는 아니었다. 반도체산업으로 사업을 확장한 뒤, 첨단기술에 대한 갈증에 시달렸으나 국내에는 인재가 턱없이 부족했다. 그 무렵 삼성이 오늘의 반도체 세계 1위 기업이 되기 위해 내린 결론은 '필요한 인재를 바깥에서 물색하는 것이 아니라, 스스로 키워내겠다'며 강력하게 의지를 다진 것이었다.

내부적으로는 자사의 인재를 수준 높은 교육을 통해 성장시키면서, 밖으로는 대학과 연계하여 새로운 인재를 키워내기 위해 반도체시스템공학과를 개설했다. 교육에 드는 운영비와 등록금을 지원했으며, 졸업 후에는 최소화된 채용 방식으로 입사를 보장했다.

필자가 삼성전자에 근무하는 동안 반도체시스템공학과의 인재들이 경험을 쌓기 위해 인턴 사원으로 근무하는 것을 지켜보았다. 현장에서 이미 많은 경험을 쌓은 선배들보다는 부족해도, 특화된 기술력을 충분히 배워온 그들은 일에 대한 적응력이 빨랐다. 그 때문에 협업에 큰 어려움 없이 순조로웠고, 더 성장시키고 싶을 만큼 욕심나는 인재도 많았다.

하지만, 지금 반도체산업 인력을 둘러싼 한국의 상황은 잿빛이다. 현장에서 사람이 부족하다는 목소리가 들려온 지는 이미 오래다. 산자부 조사를 보더라도, 반도체산업 현장의 부족한 인력 규모는 2017년 1400명에서 2018년 1500명, 2019년 1600명으로 계속 증가하는 추세이다.

반도체 인력 부족은 산업 현장에만 국한된 문제가 아니다. 미래 반도체 인력을 양성할 교육 현장에서도 그 수가 점점 줄어가는 경향이 확연하다. 국내 이공계 학·석사는 인구 감소, 이공계 기피 영향 등으로 2017년 9만3000명에서 2019년 8만8000명으로 감소했다. 특히 전기전자, 재료공학 등 반도체 유관 전공 인력도 감소 추세에 있다. (2017년 3만7000명 → 2019년 3만5000명). 또 관련 전공학과 내에서도 학생들이 최근 유망 분야로 뜨고 있는 AI/SW 분야로 이동함에 따라 실질적인 반도체 인력은 더 감소했을 것으로 추정된다.

학생뿐 아니라 후학을 양성할 반도체 전공 교수 사회에서도 인력난이 우려된다. 반도체업계에서는 반도체가 한창 발전하던 시기에 임용되어 산업에 큰 기여를 한 1세대 교수들이 퇴직한 자리가 AI/SW/바이오 등 비(非)반도체 분야로 채워질까 우려하는 목소리가 나오고 있다.

상황이 이런데, 구체적이고 치밀한 인재 양성 로드맵은 보이지 않는다. 특히 반도체산업에선 석·박사급 고급 인력이 많이 필요하기 때문에 단순히 대학 정원 확대를 넘어 고급 기술인재를 키우기 위한 '인재 양성 로드맵'이 반드시 필요하다.

그러나 현실은 절망적이다. 얼마 전 20년간 반도체 석·박사 3000명을 키우기 위한 민관 연구개발 지원사업이 사업 예비타당성 심사에서 최종 탈락하는 일도 있었다. 반도체산업의 특성을 모르기 때문에 벌어진 참사가 아닐 수 없다. 이번 지원책에서도 10년간 반도체 인력을 3만 6000명 키운다고는 되어 있지만, 정작 반도체 관련 학과의 정원은 고작 1500명 늘린다고 한다. 반도체 고급 인재를 경쟁국에 뺏기지 않은 방법이나 성적이 뛰어난 학생들의 의대 쏠림 현상을 완화해 우수 학생들이 반도체 관련 학과에 진학하도록 유도할만한 방안은 보이지 않는다.

일자리 아닌 '반도체 인재 로드맵'을 만들자

4차 산업혁명 시대에 적합한 반도체 인재를 양성하자는 주장을 적극적으로 펼치는 이유도, 지금이야말로 미래기술을 선도할 인재를 양성하는 데 굉장히 중요한 시기이기 때문이다. 20여 년 전 이상희 전 과학기술부 장관의 '10만 해커 양병설'과 같이, 정부와 산업, 학교가 미래를 위한 사명감에 서로 머리를 맞대고 인재 양성을 고민해야 할 시점이다. 단순히 일자리를 마련하는 정책이 아니라, 4차 산업혁명에 이바지할 특수한 인재를 선별해 자신들의 직업까지 연계될 수 있도록 만드는 구체적이고 실현 가능한 방안이 필요하다.

교육을 통해 정치를 바꾸는 것은 오랜 시간과 노력이 필요한 일이다. 그러나 정치는 교육을 바꿀 수 있다. 정책과 제도를 바꾸면 된다. 이제 국가가 나서서 교육 현장을 바꾸고 기초과학 교육을 정상화해야 한다. 유관 부처는 밥그릇을 내려놓아야 할 것이다. 또한 산업 현장과 대학이 서로 지식과 경험을 공유하며 함께 미래 인재를 육성할 수 있도록 액션 플랜을 내놓아야 한다. 무엇보다 반도체 개발 분야의 전문 인력 가운데 첨단 분야를 선도할 탁월한 인재를 국가가 따로 관리하고 중국을 비롯한 해외 기업들로 유출되지 않도록 특별한 지원책을 마련해야 한다.

현재 진행 중인 이른바 4차 산업혁명이라고 하는 문명사적 전환은 바꿔 말하면 반도체 혁명이다. 반도체 없이는 그 무엇도 설명되지 않는 디지털혁명 시대에 살고 있다.

4차 산업혁명은 모든 기계장치를 전기 중심의 전자장비로 전환하는 것을 의미한다. 내연기관이 해오던 기계장치의 역할을 모두 반도체가 대신하고 있다. 자동차가 대표적이다. 내연기관 중심에서 전자장비로 가장 빠르게 전환 중인 기계장치가 바로 자동차다.

최근 일련의 차량용 반도체 부족 현상은 예고편에 불과하다. 인류와 관련된 모든 영역에서 반도체 부족 현상을 겪게 될 것이다. 선박·비행기 등의 교통수단은 물론 의료와 돌봄, 군사무기체계에 이르기까지 반도체 수요는 사물인터넷(IoT) 시대를 맞아 더욱 폭발적으로 늘어날 수밖에 없다. 4차 산업혁명을 가능케 하는 것은 천문학적으로 증가하는 데이터의 안정적 처리와 빠른 전송이며, 이는 반도체 기술 발전에 따른 결과물이다. 다시 말하면 미래에는 반도체 수요가 더 팽창할 것이라는 얘기다. 지금도 꿀단지인 반도체산업이 미래에도 보물단지라는 얘기다.

이스라엘의 역사학자 유발 하라리가 예견한 미래의 신(神), 데이터 신(神)조차 반도체 없이는 존재하지 못한다. 단언컨대 반도체는 21세기 인류 역사를 새롭게 편성할 문명의 '게임-체인저'로 자리매김했다. 미국의 반도체 공급망 재편은 이런 차원에서 이해해야 한다. 유럽, 일본, 대만 등 거의 모든 선진국이 반도체 전쟁에 뛰어드는 이유도 문명의 게임-체인저를 확보하겠다는 그랜드 전략 차원에서 바라봐야 한다. 그리고 그 전략의 핵심은 단연 뛰어난 인재의 육성, 확보, 관리다.

한국이 제조업 기술강국이 된 비결은 남들보다 한발 앞서 기술격차를 벌렸기에 가능한 일이었다. 그러나 우수 인재가 없다면 기업의 연구개발 노력은 허황된 꿈일 뿐이다. 설령 해외에서 인재를 데려온다 해도 기술 유출이라는 더 큰 위험이 도사리고 있다. 외국인 인재를 영원히 한국에 붙잡아두기란 쉽지 않기 때문이다. 실제로 삼성전자 시절 나와 함께 일했던 중국인 인재들은 중국의 반도체 굴기가 시작되기가 무섭게 모두 자국으로 돌아가 버렸다.

미중 간에 반도체 패권 경쟁이 펼쳐지고 있는 지금, 우리는 이러한 현실을 얼마나 자각하고 있는가? 반도체 경쟁의 궁극은 결국 인재 쟁탈전이다. 반도체 경쟁력이 한국 미래를 좌우하는 현실에서 인재 양성에 대한 관심은 아무리 지나쳐도 모자라지 않을 것이다. 510조원이라는 투자도 중요하지만, 특히 반도체 기술을 좌우하는 핵심 인재를 키우고 지켜야 할 파격적이고 구체적인 대책이 보다 절실한 시점이다. 무엇보다 지금처럼 이과 출신 우수한 인재들이 의대 진학이나 공무원 시험 등에만 매진하는 현실에 대한 문제의식을 한국 사회가 심각하게 공유해야 한다.

서계를 선도하는
부민강국으로 가는 길
과학기술 패권국가

초   판 1쇄 발행 2021년 6월 15일
개 정 판 2쇄 발행 2022년 10월 20일

지 은 이   양향자
펴 낸 이   박인우
펴 낸 곳   디케
등록번호   제2011-000050호
등록일자   2008년 1월 17일
주   소 서울시 노원구 월계로 334, 720호
전   화 070-8774-7933
팩   스 0504-477-3133
이 메 일   soobac@gmail.com

ISBN 978-89-94651-48-4 03340